上海何以建成全球资管中心

特殊目的资管与全球定价权

王祚君 ○ 著

立信会计出版社
LIXIN ACCOUNTING PUBLISHING HOUSE

图书在版编目(CIP)数据

特殊目的资管与全球定价权：上海何以建成全球资管中心 / 王祚君著. —上海：立信会计出版社，2021.9
ISBN 978-7-5429-6935-4

Ⅰ.①特… Ⅱ.①王… Ⅲ.①国际金融—金融资本—金融交易—研究 Ⅳ.①F831.2

中国版本图书馆CIP数据核字(2021)第190934号

策划编辑	戎其玉
责任编辑	戎其玉
封面设计	南房间

特殊目的资管与全球定价权——上海何以建成全球资管中心
TESHU MUDI ZIGUAN YU QUANQIU DINGJIAQUAN SHANGHAI HEYI JIANCHENG QUANQIU ZIGUAN ZHONGXIN

出版发行	立信会计出版社		
地　　址	上海市中山西路2230号	邮政编码	200235
电　　话	(021)64411389	传　真	(021)64411325
网　　址	www.lixinph.com	电子邮箱	lixinaph2019@126.com
网上书店	http://lixin.jd.com		http://lxkjcbs.tmall.com
经　　销	各地新华书店		
印　　刷	上海天地海设计印刷有限公司		
开　　本	787毫米×1092毫米　1/16		
印　　张	13.5	插　页	2
字　　数	208千字		
版　　次	2021年9月第1版		
印　　次	2021年9月第1次		
书　　号	ISBN 978-7-5429-6935-4/F		
定　　价	108.00元		

如有印订差错，请与本社联系调换

序

本书之序,亦可为负利率时代全球金融体系创立之宣言。

自2009年金融革命开始,作为直击国家主权信用货币的虚拟货币,比特币抢占了地球人的所有眼球;少人知晓的国际掉期与衍生工具协会(International Swaps and Derivatives Association,ISDA)出台的"改革版CDS",风险利差(Spread)最终得以在实际上交易流转,消除了因信用交易(Credit Transaction,CT)增信所导致的、引爆2008年美国次贷危机的交易对手风险;尽管互换的CDS合约仍在形式上为CT增信,并取代国家(主权信用)担保已达半个世纪,但中国及其他发展中国家仍在实施民事担保或国家担保;一直遭人诟病的负利率,开启了无成本货币(No Cost Capital)时代,鞭笞着美联储及其御用学者以防止"通胀"之名建立的成本货币(Cost Capital),央行基准利率与到期国债收益率或无风险利率,以及"美元霸权"所支撑的现行国际金融体系。

负利率时代的货币,不再具有时间成本或时间收益,只有作为一般资产需要资产管理的管理成本,于是商业银行存款管理费应运而生。负利率债券基于"两害相权取其轻"悄然而至,其实它只是风险利差为负的零息债券,风险利差亦可为正或零的零息债券必然理性回归。风险利差转移(Spread Parted,SP),致使零息债券要么为货币/资本,要么为负利率债券,要么为无风险利率产品,因此增信功能可称为SP增信,印证了"改革版CDS"的风险利差交易流转这一事实。SP增信,意味着风险利差可转化为增信资产,如同保险资产,均为概率风险定价而形成的风险资产;风险资产可交易流转并成为特殊目的资管机构名下的基础资产,通过价值管理或设计出100%风险覆盖率的数学模型,用以抵御随机违约率,使零息债券得以权益增信或终极增信。这不仅可以大幅降低融资成本,而且安全性或求偿性也远高于CDS或国家担保,可深受欧洲负利率资本市场的主流资本(Old Money)青睐,有利于基建融资或"三农"融资,并为复制和取代"美国两房"的特殊目的资管机构——"全球两融"提供低成本资金,掌握未来资本市场上最主要的金融资产——基建资产与个贷资产的全球定价权。

负利率时代是一个全球大资管时代,即便是货币也离不开资管,美联储名义上已成为国际资本市场上最大的资产买家,实际上是全球最大的资产管理机构。但未来全球最大的资管对象是基建资产与个贷资产,而且"全球两融"将超过美联储成为全球最大的资产管理机构。通过融资资管的传统机构定价,到交易资管与投资资管的现代市场定价,再从一般资管到特殊目的资管的完全市场定价,不仅可产生数十倍乘数效应的资管规模,而且通过特殊目的资管可以掌握基建资产与个贷资产的全球定价权。在负利率时代,全球定价权,本质上源自对 Spread 的价值管理,Spread 必将成为最重要的金融数字资产,或者"数字黄金"(Digital Gold),支撑起一个崭新的金融体系。

上海要建成全球资管中心,无论是基于资管规模,还是基于资管模式,必须以掌握全球定价权为资管目标。中国各类银行与金融机构持有的数百万亿元基建资产与个贷资产,可通过习总书记为上海临港新片区创导的"金融资产国际交易平台",实现资产批零交易,并转化为在上海临港新片区创设的数十个特殊目的资管机构——"全球两融"名下的基础资产。"全球两融"发行零息债券,不仅可获得低成本资金,而且因为被中国所掌控,并与欧洲主流资本高度融合,是以风险资产为基础的特殊目的资管或权益增信机构,所以可如同"美国两房"掌握按揭资产的全球定价权一样,影响并分享"全球两融"的全球定价权。由于不断叠加的资管模式及其最终的特殊目的资管,上海全球资管中心的增量资管总规模可达到数千万亿元,这还未计入当前上海资管规模及其未来增长后的全部资管规模;更因其与欧洲负利率资本市场主流资本的深度合作,可抗衡"美元霸权"对中国金融体系的盘剥与攻击,严防"金融脱中"之危险,维护国家金融主权,最终实现新时代中国的国家战略利益,以及上海自贸区所拥有的巨大战略利益。

王祚君

2021 年 8 月

于上海锦江饭店

目 录

第一章　全球大资管与国际另类资管 ········· 1
　　第一节　全球大资管概述 ············· 2
　　第二节　全球大资管及其产品体系 ········· 5
　　第三节　国际另类资管及其分类 ········· 15
　　第四节　中国非常资管 ············· 19

第二章　一般资管 ················· 25
　　第一节　资管类型与资产定价权 ········· 26
　　第二节　金融资管 ················ 30
　　第三节　投资资管 ················ 38

第三章　特殊目的资管 ··············· 43
　　第一节　特殊目的及其交易机制 ········· 44
　　第二节　特殊目的载体 ············· 51
　　第三节　特殊目的公司 ············· 55
　　第四节　对冲基金 ················ 60

第四章　中国独创增信理论 ············· 65
　　第一节　增信概念及其实践 ············ 66
　　第二节　增信理论中国创立 ············ 69
　　第三节　增信与信托：珠联璧合 ········· 74
　　第四节　增信与相关学科 ············· 82

第五章　增信机构与权益增信 ············ 91
　　第一节　特殊目的/增信机构 ··········· 92
　　第二节　Spread 资产管理 ············ 94
　　第三节　权益增信与价值管理 ·········· 97
　　第四节　影响资产定价权 ············ 102

第六章　"全球两融"与零息债券 ········· 105
　　第一节　负利率与"全球两融" ········· 106
　　第二节　基础资产 ··············· 110

第三节　零息债券 …………… 114
　　　第四节　资产管理 …………… 120

第七章　资产定价权/全球定价权 ……… 125
　　　第一节　货币理论与实践之争 …… 126
　　　第二节　不同类型 …………… 130

第八章　负利率时代的国际金融体系 …… 137
　　　第一节　现行国际金融体系大变局 … 138
　　　第二节　新时代与新格局 ……… 147

第九章　负利率时代的金融稀缺资源 …… 155
　　　第一节　金融稀缺资源 ………… 156
　　　第二节　中国独有的金融稀缺资源 … 165

第十章　负利率时代的上海机遇 ………… 169
　　　第一节　中国成本货币与金融监管 … 170
　　　第二节　上海历史机遇与理性选择 … 174

第十一章　上海创建全球资管中心 ……… 183
　　　第一节　全球资管中心与"全球两融" … 184
　　　第二节　总体规划 …………… 187

第十二章　全球资管中心设计预案 ……… 193
　　　第一节　国际平台设计预案 …… 194
　　　第二节　机构创设预案 ………… 199
　　　第三节　正确把握与精准定位 …… 202

参考文献 …………………………… 208

第一章
全球大资管与国际另类资管

特殊目的资管与全球定价权
——上海何以建成全球资管中心

第一节　全球大资管概述

一、资产管理

资产管理，简称资管（Asset Management，AM），其机构称为资管机构（Asset Management Company，AMC）。资管，形态各异，姿势百态，令人目不暇接，但万变不离其宗，均为逐利而来，又为利差而作。初步来看，根据资产初始状态，资管大致可分为两类。

一是握有现金的。谨慎的投资者会投资债券市场或固收产品（Fixed Income Securities，FIS），风险承受力大的投资者可以投资股票市场，也可将前两者进行组合投资；更有甚者，专业投资金融衍生产品，比如期权期指与掉期产品，或者增信产品与外汇（Margin）交易；没有时间操作或非专业的投资者，可以投资与前述相关的投资基金，不仅包括公募基金（Fund）与私募基金（Private Equities，PE），也包括各种商事信托（Business Trust，

BT）名下的信托产品、资管产品与理财产品，甚至包括对冲基金（Hedge Fund，HF）。

二是持有资产的。资管产品既可为证券化产品（Asset Backed Securities，ABS）、金融资产或具有稳定现金流的资产（固收资产），比如按揭贷款，可以运用特殊目的载体（Special Purpose Vehicle，SPV）发行按揭资产证券化（Mortgage Backed Securities，MBS）；具有房地产资产的，又可以运用商事信托发行房地产投资信托（Real Egtate Investment Trust，REITs）；更可为企业资产整体打包转化为上市公司（Listed Company）。

综上所述，资管所涉概念与内容非常繁杂，有必要把现行资管梳理一下。本书所涉资管概念，是以金融资管或利差资管为主，以投资资管为辅。前者是指与风险利差（Spread）相关的一般资管及特殊目的资管；后者是指与货币/资本（Capital）相关的一般资管及特殊目的资管。

金融资管（Financial AM）也可称为利差资管（AM for Spread），即将各种金融机构经营利差的不同资管（业务）产品视为金融资管。经营金融资管的机构，称为金融资管机构。金融资管，形式上为资产（资本）增值，实质上是资产定价。从传统机构定价的静态融资资管到现代市场定价的动态交易资管，又从金融资管跨入投资资管，再从一般资管到特殊目的资管，更从全球大资管到国际另类资管，本书将形态各异的资管类型、资管阶段呈现出来；撩开金融资管本质或资产定价权上的神秘面纱，使其为新时代中国所运用，不辜负信用货币时代的历史机遇，不错失负利率时代的全球定价权，承担起无成本货币时代的历史重托。

二、资管阶段与模式

资管，可分为一般资管与特殊目的资管两个不同的阶段。一般资管只是以机构定价（金融持牌）为主、市场定价为辅的经营风险利差或投资收益，并且通过再投资或再融资提高资本杠杆率，扩展风险利差或投资收益。特殊目的资管不仅要经营风险利差或投资收益，而且要在资产交易中获得对金融资产的全球定价权,或者在交易价格背离并进行风险对冲、价格平衡过程中取得金融资产的终极定价权。

一般资管,包括金融资管与投资资管,金融资管从融资资管提升到更高阶段的交易资管,最终提升到最高阶段获得资产定价权的特殊目的资管;投资资管则从机构投资资管上升到更高阶段的交易投资资管,从微观的量化对冲基金,到宏观的策略对冲基金,均属具有交易定价权的特殊目的资管。由此可见,一般资管属于初级阶段的资管模式,目标仅为获得风险利差或投资收益;特殊目的资管则属于高级阶段的资管模式,目的是掌握资产定价权,不仅要获得风险利差或投资收益,而且要通过有效地配置金融资源来有序地分配风险利差或投资收益。

三、资管本质

从金融行业看,资管就是经营风险利差,追求并获得风险利差,进而可以掌控并降低风险利差,这是资管的最高境界。资管在本质上就是金融资产的风险定价(Spread),回归"炼金术"的金融本质。掌握了风险定价技术,就掌握了金融资产的全球定价权。因此,无论是"炼金术",还是风险定价技术,最终形成以市场交易为基础的完全市场定价的资管类型,特殊目的资管(Special Purpose Company, SPC),其实是一个"减熵"的金融资产定价系统,并以数学模型为基础,最终形成数字金融资产。应该说,特殊目的资管,不但比保险精算更高级,而且比博弈资产更依赖于数学模型。正是因为如此,撩开资管本质这层神秘面纱,对于习惯于金融分类监管的国际资管行业来说,是难以接受的。对于特殊目的资管的对冲基金,可称为国际另类资管;而对于"美国两房",整个金融学界与金融业界则三缄其口,集体沉默于这种特殊目的资管。

对于全球大资管来说,除了投资资管及与此相应的对冲基金外,基本上都是围绕着风险利差(Spread)而展开的。无论是经营风险利差的金融资管,还是掌控风险利差的特殊目的资管,都是为了金融资产定价权,层次越高具有越高越多的金融资产定价权。虽然现代市场定价的全球大资管比静态融资资管的传统机构握有更高层级的资产定价权,但本质上却只是分享了传统机构的静态融资资管定价权。完全市场定价的特别目的资管掌握着比全球大资管更高层级的资产定价权,与传统机构定价进行终极博弈,最终将会取代传统机构定价而掌控全球主要金融资产的资产定价权。

上海要建成全球资管中心,就必须站在资管本质或资产定价权这个金融认知高度上,既要以掌控主要金融资产的全球定价权为战略目标,重建未来国际金融秩序,维护国家金融安全;又要对现行金融体系中的金融资源有效重置与金融利益有序分配,这不仅涉及美联储与美元霸权,而且涉及世界各国现行金融集团的既得利益。

第二节 全球大资管及其产品体系

一、全球大资管的形成与未来

随着古老交易方式或资产转移方式(无论是信托,还是担保,抑或是保险)向现代买卖方式或现代贸易方式的转化,在国际资本市场上逐步形成了现代国际金融贸易体系。现代国际金融贸易体系包括了以买卖信托为基础的商事信托型金融产品或证券产品体系,和以买卖担保或买卖保险为基础的现代增信(Credit Enhancement,CE)型金融产品或保险型证券产品体系(或者称为衍生产品或次级产品体系)。

一方面,民事信托(Civil Trust,CT)向买卖信托或商事信托(BT)转化,逐渐形成了民事信托与商事信托相互依存的信托型金融产品或证券产品体系。以商事信托为基础或典型资产持有人所发展出来的公募基金(Fund)与私募基金(PE)、以商事信托所演化的特殊目的载体(SPV)作为基础资产持有人的资产证券化(ABS)、以房地产信托投资计划(REITs)名义作为资产池中的房地产及其收益的持有人,及其信托计划、资管计划与理财计划等名词各异的、"他人管理"的法律上的人(Legal Entity),或称"外部管理拟制人",皆是自身没有行为能力而依赖于外部管理人而存在的拟制人。进一步来看,民事信托又深化了内部管理拟制人的信托责任机制,即各种上市公司与特殊目的资管机构(SPC)的信托责任。不仅如此,民事信托也在现代发展出了全新的资管形式,即私人银行(Private Banking,PB)与家族信托(Family Trust,FT),因其巨大的财富管理规模,在全球大资管中也占了相应的一席。

另一方面,民事担保(Civil Guarantee,CG)也开始向买卖担保转化,逐渐形成增信(Credit Enhancement,CE)型金融产品或保险型证券产品体系,如信用违约互换(Credit Default Swap,CDS)、信用风险缓释凭证(Credit Risk Mitigation Warranty,CRMW)与信用联结证券(Credit Linked Securities,CLS)。欧洲保险行业也推出了与信用联结证券相似的保险联结证券(Insurance Linked Securities,ILS),与强大的美国投资银行争夺衍生品市场,或者金融资产的全球定价权。2009年,国际掉期与衍生品协会(ISDA)出台了"改革版CDS",又从信用买卖的增信(CE on CT)演化出了风险利差(Spread)交易流转形态,形成了利差转移的增信,即SP增信(CE on SP),尽管"改革版CDS"名义上仍为信用买卖的增信。各种专业从事CDS交易或利差交易的资本机构,主要是进行风险套利的另类资管机构或对冲基金(HF)。

在目前现代国际金融贸易体系下,无论是信托型金融产品或证券产品,还是增信型金融产品或保险型证券产品,都与各种各样的产品管理人一起,构成了"全球大资管"。所谓"全球大资管",从金融资管角度看,就是对各种金融资产的风险定价进行调整与平衡,由传统机构定价调整为现代市场定价,这也是一种资产定价权的调整或再分配。全球大资管的产生,虽然意味着现代市场定价的动态交易资管机制企图取代传统机构定价的静态融资资管体系,但实际上只是以传统机构定价为基础的资产定价权得到相应调整而已,或者说现代市场定价只是与传统机构定价分享了国际资本市场上的资产定价权。鉴于全球大资管体制已经纳入了国际金融监管,这种资产定价权的市场化调整,已经获得国际金融界的普遍认可,因此全球大资管属于国际主流资管。

负利率时代的来临,使零息债券(Zero Coupon Bond,ZCB)得以理性的历史性回归,摆脱了复利债券的"高利贷"丑恶面目,为长期融资特别是基建融资,提供了一个更安全与更低成本的融资方式。而零息债券的利差转移(SP)所形成的 SP 增信(CE on SP),通过风险资产集合及其大数据管理,可设计出 100%风险覆盖率(Risk Covered Rate,RCR)的数学模型,用于抵御随机违约率(Random Default Probabilities,RDP),从而实现有限责任增信(CE Limited Liability,CELL),或者终极增信(CE for Ultimate)。由此可见,SP 增信这一惊艳发现,不仅为基建融资,而且为权益增信的特殊目的资管机构提供了终极增信。其带来的低成本资金,复制并可取代全球孤版的"美国两房",更为利差价值管理机构(Spread VM Co.,SVMC)或特殊目的增信机构(CE Co.,CEC)的历史性崛起提供了不可或缺的条件与机遇,最终将取代美国主权信用(National Sovereign Credit,NSC)担保或美元霸权,重置现行国际金融体系,形成一个负利率时代的金融体系。

二、以信托责任为基础的产品体系

在现代国际金融贸易体系下,在一般资管的金融产品或证券产品,及其升级版的特殊目的资管的各种产品类型中,属于信托型金融产品或证券产品的,既包括公募基金、私募基金、证券化产品、房地产投资信托、商事信托及其信托产品、资管产品与理财产品,也包括上市公司股票,甚至包括另类资管机构的非上市私募基金股票,当然还包括私人银行与家族信托。属于增信型金融产品或保险型证券产品的,既包括 CT 增信的信用违约互换与信用风险缓释凭证,又包括信用联结证券或保险联结证券,未来还应该包括 SP 增信。

在证券化产品中,不仅包括信托型金融产品或证券产品及其特殊目的资管产品,即基础资产为金融资产/信贷资产/融资资产的证券化(ABS),由融资型 ABS 转化为买卖型或交易型 ABS,再升华到最高阶段的资管型 ABS;而且还应包括增信型金融产品及其特殊目的资管产品,即基础资产为风险利差的证券化,由信用联结证券的融资型 ABS,到风险利差证券化(Risky-asset Backed Securities,RBS)的买卖型 ABS,再到特殊目的资管型 ABS 或特殊目的增信机构(CEC),或者风险利差价值管理公司(SVMC)。

基于金融资管及其升级版特殊目的资管产品类型,全球大资管还应包括投资资管及其升级版的特殊目的资管产品类型,即对冲基金。金融资管及其升级版特殊目的资管,与投资资管及其升级版的特殊目的资管,两者产品类型有的是相通的,只是站在不同的角度而已:①基于金融资管及其升级版的特殊目的资管产品,只是投资资管及其升级版的特殊目的资管机构的投资对象。②投资资管及其升级版的特殊目的资管机构的投资对象却不仅限于基于金融资管及其升级版特殊目的资管产品,还包括黄金、石油等大宗商品,期货期权、掉期指数等衍生产品。两者相互关联的资管产品,构成了现代国际金融贸易体系中的所谓全球大资管及其产品类型。

在全球大资管体制中,所有资管产品,或者信托型金融产品或证券产品及其特殊目的资管产品,均以信托责任为基础,即资产持有人与管理人相分离,管理人对资产持有人及其权益人承担信托责任。管理机构与财产持有人(拟制人)不是一个法律实体,管理机构只是外在于拟制人,并对拟制人进行管理。拟制人是一个没有行为能力、需要外部管理的拟制人,亦可称为"外部管理拟制人",如同幼儿无法独立生存,需要他人(监护人/管理人)进行独立于幼儿这个法律实体的外部管理。因此,管理人须对外部管理拟制人及其权益投资人/持有人承担信托责任,如同监护人对幼儿承担监护责任。根据外部管理拟制人名称不同,全球大资管应该包括以下产品类型及其各种产品。

1. 资金权益化

先以拟制人权益去募集资金,再以募集资金进行约定投资的模式,是资金权益化的资管模式。从形式上看,现金通过资金权益化的资管模式得以增值,获得投资收益,包括权益出售收益或权益年度分配收益。现金型的资产管理机构则可通过资金权益化的资管模式募集资金,并通过约定投资为权益投资人获得投资回报,同时也为自身获得管理费用。基于拟制人权益所募集的资金,投资资产及其收益归入拟制人名下,或者由拟制人持有,管理人或管理机构据此应对拟制人及其权益投资人承担信托责任。在全球大资管体制中,资金权益化及其各种资管产品有以下几种。

1) 商事信托

商事信托(BT),作为(外部管理)拟制人,最早见诸于1920年马萨诸塞州的"马省信托"。与民事信托(CT)不同,马省信托管理人与持有人分离,信托财产持有人为马省信托或商事信托,受益人为商事信托这个拟制人的权益投资者或持有人,即商事信托权益持有人。商事信托管理人均为持牌的信托机构,发起设立商事信托,以商事信托权益募资后再行约定的信托投资,并对商事信托权益持有人承担信托责任。商事信托一般运用于融资产品或再融资产品,风险利差可能更高于银行贷款,当然是基于不同层级权益的资产定价权。但商事信托延伸的特殊目的资管产品,如买卖型ABS与资管型ABS,却在不同层级上掌控着作为基础资产的金融资产的定价权。

商事信托或投资信托,从古老的民事信托转化为"买卖信托"或"交易信托",却不失其硬核——"信托责任",否则"买卖信托"无以立足之本。一方面,商事信托演化为特殊目的载体(SPV)的证券化产品与房地产投资信托及其信托产品、资管产品与理财产品,管理人则由信托持牌机构逐渐向投资银行或商业银行转化,打破了信托机构因持牌经营而与债券分享的独占性融资产品市场。另一方面,商事信托也逐渐演化为公募基金,虽然保留着持牌经营传统,却属于资本市场化的基金管理机构,不再由信托机构独享持牌经营的垄断利益,并又演绎出无须持牌的私募基金(中国却因权利寻租又转化为持牌经营),平衡地发展着国际金融贸易体系或全球大资管体制。

2) 公募基金

一般来说,公募基金(Fund)的管理机构,作为公募基金管理人,发起设立公募基金,并以公募基金份额去募集资金,按公募基金约定进行各种投资。公募基金管理人可以收取公募基金约定的基金管理费,但须对公募基金及其份额投资人承担信托责任。投资人出资认购或公募基金份额,成为公募基金份额持有人;公募基金份额持有人享受公募基金的投资收益,并可追究公募基金管理人的信托责任。

公募基金根据基金投资计划、投资策略、投资比例与投资期限等投资要素进行投资。最为常见的是:专业投资股票的基金为股票基金(股基);专业投资债券的基金为债券基金(债基);既投资股票又投资债券的基金为混合基金(混基)。

公募基金可在公司 IPO 上市路演时进行投资,或者名为"打新股",一般可以预期获得投资(收益)差价,但也有少数股票上市后价格破发,此为初值投资资管。公募基金也可在股票二级市场上进行投资,作为价值投资,长期持有,比如巴菲特所管理的伯克希尔哈撒韦公司,相当于一个长期投资基金。总的来说,公募基金应该是进行价值投资的长期基金。

3) 私募基金

私募基金(PE),以有限合伙(Limited Partner, LP)形式存在。普通合伙人作为私募基金的管理人或管理合伙人,一般为私募基金发起人,在投资行业具有市场认可的投资业绩,并对有限合伙人承担信托责任。信托责任即是无限责任的理性或合理基础。投资人出资认购或投资私募基金权益，成为有限合伙人；有限合伙人不得为私募基金管理人，否则为普通合伙人，不得追究其他普通合伙人的信托责任。

私募基金一般为股份或股票的机构投资者，基本上与普通合伙人（General Partner，GP）的专业或资历相关，形成各个不同"专业基金"。既可为早期的"天使基金"，也可为上市前的"跟投基金"，更可为股票二级市场上的"股票基金"，也可为专业的"并购基金"，甚至为全新的并购基金（SPAC）模式。但是，股票投资的私募基金，一般为初值投资资管。私募基金很少投资债券或固收产品，少数进行价值投资而成为长期投资基金。

最为少见的私募基金，就是专业从事投资风险利差或风险套利的对冲基金（HF）。对冲基金既可以私募基金形式存在，也可以特殊目的资管形式存在。对冲基金只是可能在法律形式上如同私募基金，但是与私募基金分属不同资管类型。私募基金属于一般资管中的投资资管产品，只是对投资对象的初值投资，并没有独占性资产定价权，只是在信息不对称条件下的、仅适合投资对象的相对资产定价权。对冲基金却是属于特殊目的资管类型，在交易过程中掌握绝对资产定价权，不需要任何人为条件，而且，对冲基金正在成为包含各种私募基金，甚至公募基金的综合性策略投资基金，比如桥水基金。因此，从这个意义上讲，对冲基金比私募基金掌控着更高层级的资产定价权。

2. 资产权益化

先以资产转化为拟制人权益，然后再以全部或一部分拟制人权益去募集资金，所募资金通过拟制人权益转让方式应归资产原始权益人所有，但股票/权益新发（增发）所募资金则归属于拟制人，这是资产权益化的资管模式。资产权益化与资金权益化不仅在权益化对象上不同，在资金作用上也不尽相同，而且主要在资管对象上也有所区别。

在资管对象上，资产权益化以置换拟制人权益并成为拟制人名下基础资产为主，对基础资产的管理是积极主动的。例如，在资管型ABS之中，资管的目的是追求特殊目的载体不同层级权益/证券的风险定价(Spread),以便掌控基础资产的未来市场定价,甚至降低融资成本,因此资管对象必须是基础资产。

但是,无论是公募基金,还是私募基金,资管对象主要在资金及其投资策略上,因为对其所投资的股票与债券的资管只能是消极被动的,而且是可以替换的。简言之,各种公募基金或私募基金的资管对象仅为资金与投资策略,投资对象为各种资产(股票或债券)。正因为资管对象不同,资产权益化也可称为"资产证券化"或"资产资本化"。

1) 证券化产品

在资产证券化领域中,商事信托机构无法再以持牌经营为由阻止投资银行开展资产证券化业务,因为投资银行以特殊目的载体(SPV)复制并取代了商事信托(BT)。进而,证券化产品又经历了融资型 ABS,过渡到买卖型 ABS,最终跨入资管型 ABS 三个不同历史阶段。投资银行先作为商业银行或其他金融机构发行融资型 ABS 的承销商,甚至管理人之一,然后直接成为商业银行或其他金融机构所持有的金融资产的交易对手,投资银行自己作为买卖型 ABS 的发行人与管理人。证券化产品管理人,其实就是特殊目的载体的管理人,对特殊目的载体权益或不同层级的证券化产品持有人承担信托责任。

融资型 ABS 与买卖型 ABS,均需所谓的"外部增信"进行风险定价,因为单一金融机构所持有的贷款(金融)资产,或者投资银行购买的贷款(金融)资产,在资产数量上无法形成以违约率(Probabilities of Default,PD)为基础的风险定价(Spread),即不足以风险利差对不同层级的特殊目的载体权益或不同层级的证券化产品进行风险定价,必须以所谓的"外部增信"进行风险定价。

所谓"外部增信",是指以信用交易为基础的增信,即 CT 增信阶段的增信,如早期为资产增信(CE on Asset,CEA)的金融担保(Financial Guarantee,FG),20 世纪末开始的为产品增信(CE on Product,CEP)的信用违约互换(CDS)。"外部增信"的实质就是金融担保机构或 CDS 产品卖方,通过出售信用而对不同层级证券进行增信,获取信用交易对价或资产风险定价,即风险利差,并因收取风险利差而承担产品风险。所谓"内部增信",就是作为拟制人的特殊目的载体,因区分不同层级权益而使低层级权益/证券可对优先权益具有增信功能。基于特殊目的载体的不同层级证券规模与价格来自"外部增信",并非来自不同层级证券之间的独立增信功能,难以形成特殊目的机构股债结构自身所产生的权益增信(CE on Equality, CEE)功能。由此可见,所谓"外部增信"与"内部增信",虽然均为"似是而非"的增信概念,却为增信学科的发展提供了不可缺少的基础概念。

在融资型 ABS 中,特殊目的载体的不同权益或不同证券,或者不同层级的证券化产品,有赖于"外部增信",要对绝大部分的优先级证券进行外部增信。"内部增信"只是一种人为设计,并无真正的权益增信功能。在买卖型 ABS 中,其实已经很少依赖"外部增信",只是对极小部分底层证券进行"外部增信"。"内部增信"开始体现出不同层级证券之间的权益增信功能,但同样需要依赖"外部增信"。在资管型 ABS 中,公司权益结构(股票等)支持并增信负债结构(债券等),权益结构与负债结构,或者股债结构之间真正形成了的权益增信功能。因此,资管型 ABS 不再需要"外部增信",更没有所谓的"内部增信",只是基于股债结构的权益增信。

2) 上市公司

上市公司本与全球大资管无关,有限公司属于内部管理拟制人。内部管理人却与上市公司及其股票持有人产生了部分或大部分背离,形成了管理人并非所有人的信托概念,符合了资产转移且由他人管理这一信托本质。于是,上市公司管理人开始对上市公司及其股票持有人负有信托责任。

公司通过其独特的资产经营,形成了可上市公司的资产类型,通过公司股票上市将公司资产证券化,与证券化产品一样,均为先有资产,然后将资产转化为公司权益或股票,再进行公司上市完成资产证券化。不过,也有公司是发起式上市,这与公募基金特征相似,先有资金后投资产。当然还存在公司并购式上市的SPAC模式。

公司上市,只是可以通过股票发行交易定价而确定公司市值,公司本身并无资产定价权,但上市股票作为投资对象而具有公司定价意义,因此是市场定价或他人定价。

3)房地产投资信托

房地产投资信托(REITs)可以先有房地产,然后置换房地产投资信托的权益或份额。房地产原始权益人在全部出售权益或份额后退出,亦可少量出售部分权益,保留对房地产投资信托的控制权或主事权。

在美国,房地产投资信托与资产证券化差不多,甚至属于资产证券化的一个分支产品,只是基础资产/资管对象由贷款资产/固收资产等金融资产/融资资产改为房地产,因此,房地产投资信托与资产证券化也可归于资产权益化资管种类。

在日本,房地产投资信托向特殊目的公司(SPC)转化,这是基于民事信托的"机械"运动,而非由民事信托向买卖(商事)信托转化或房地产投资信托的"化学"变化。

3. 民事信托

民事信托(CT)在现代资管领域的发展,主要表现为私人银行(PB)业务与家族信托(FT)业务。由于个人创富速度较快,个人理财催生了私人银行与家族基金,但这是在民事信托范围,不属于商事信托范围。

私人银行一般由商业银行大客户业务转化过来,在全球发展迅速。特别是私人银行的资管客户都是追求稳定资管,极度厌恶风险的"富豪",非常有利于私人银行业务的发展。

家族信托的资管客户与私人银行一样,"富豪"非常喜欢家族信托业务。家族信托一般由专业机构作为管理人,对信托责任与理财技术要求比较高。这些"富豪"财富巨大,私人银行与家族信托虽然在全球大资管中占取重要一席,却不属于金融资管。

第三节 国际另类资管及其分类

一、国际另类资管的概念

在国际主流资管之外还存在着一些金融资管,也有市场定价的交易资管,而且,国际资本市场上还存在着另外一种比较陌生的资管业务及其资管机构,即特殊目的资管。与全球大资管相比,这类资管还未被纳入国际金融监管,或者说,国际金融监管一时还难以对其作出合乎逻辑、合乎情理的金融监管,因此称其为"国际另类资管"。

国际另类资管机构,其实是建立在全球大资管体制之上的、更为高级的动态交易的资管机构,如同全球大资管的各种资管机构是建立在静态融资资管机构,或者以间接融资为主的金融机构体系之上一样。对于国际另类资管机构,国际金融界需要一定时间去认识,才能将其逐步纳入所谓的"金融监管",最终才能归入全球大资管机制,回归国际主流资管。

二、国际另类资管的分类

所谓"国际另类资管",主要是指在国际资本市场上从事风险套利的资管业务,并通过资产交易的数学模型在全球资本市场中掌握动态的、交易型的资产定价权。凡从事国际另类资管业务的机构,均可称为国际另类资管机构。其实,国际另类资管机构属于特殊目的资管机构,它们不仅要在资产交易中获得风险套利,而且要以数学模型去掌握动态的、交易型的资产定价权。

与其他经营并获得风险利差的全球大资管体制不同,国际另类资管机构是需要在全球大资管的资产价格(风险定价)基础上,且在交易价格波动中进行相应资产交易。国际另类资管机构通过建立数学模型或计算机软件编程,对交易资产进行风险边界或风险利差的数字化确定,据此可以对交易的金融资产握有定价权,形成数字金融资产。当然,国际另类资管机构必须依赖于利率市场化,或者开放的、自由交易的资本市场,否则无从说起。

国际另类资管机构主要包括两种:一种是"独狼式"的另类资管机构,即所谓的"对冲基金";另一种是"群狮式"的另类资管机构,以特殊目的公司(Special Purpose Corporation,SPC)为法律载体,可称为特殊目的资管机构,比如"美国两房"这类资管型ABS。当然,在国际另类资管中,也有些包含在全球大资管体制中的专业从事投资上市公司股票、股票类的期权期指、大宗商品类的期货期权、外汇期权期指及其他金融衍生品的对冲基金等,这种类型的对冲基金,不属于金融资管或利差资管研讨范围,而属于投资资管范围。

1. 对冲基金

对冲基金多以精致的数学模型作为资管框架,最终形成以风险利差为经营管理的金融科技资产。其中,资产管理人多为掌握应用数学、金融工程、交易模型设计方面专业知识的;而拥有资本的投资者,只能做财务投资者,因为其无法撑控以数学模型为资管框架的金融科技资产。因此,资产管理人必须对机构权益投资者或机构权益持有人承担信托责任,对冲基金即使法律形式为有限责任公司,也可称为"对冲基金"。

对冲基金主要从事金融衍生产品的交易,即风险套利,比如信用衍生产品或增信产品,及其外汇风险套利,期权期指的套利交易等。资产管理人基于这些产品特性,专门开发了风险套利的各种数学模型,通过各种方式方法进行套利交易。据此,对冲基金实际上与下述特殊目的另类资管一样,都是为了获得资产定价权这一特殊目的,也就是在资产交易过程中,或者资产价格在交易中过度背离时进行风险对冲并据此掌握交易的金融资产的全球定价权,与特殊目的资管机构如出一辙,后者则是要在资产交易的最高或最后阶段获得金融资产的终极定价权。

对冲基金一般都会运用超高杠杆交易,在极短时间里可以极少资本去获得极限化收益。当然,一旦失手,或者计算错误,或者数学模型跟不上产品交易实际状况,或者支撑数学模型因子缺乏及发生新的变化,甚至产生新的替代产品、迭代产品,瞬间都会血本无归。无论是美国诺贝尔经济学奖获得者以量化数学模型建立的"量子基金",还是英国著名商业银行的新加坡交易员"失手",都是风险套利发展过程的牺牲品。从某种角度来看,或者站在金融监管角度,对冲基金有点"神秘",忽生忽灭,难以捉摸。

对冲基金具有"独狼"特征,一般不会在某个地方扎堆,也不会"群居"于某个城市。与科技企业汇集在美国硅谷完全不同,如果希望对冲基金汇集于中国或上海,那才叫"白日做梦"。正因为如此,对冲基金一般很少与金融界进行交流沟通,而且也非常难以进行金融监管,金融界对这类对冲基金也只能是"敬而远之"。因此,这种"吃快餐"的狼性文化,导致对冲基金被金融界称为"独狼"机构,或者国际另类资管机构。

2. 特殊目的资管

国际另类资管或国际资管行业还存在着一个同样也经营风险利差或进行风险套利的特殊目的资管机构,即由著名的"房地美"与"房利美"合称为"美国两房"(2Fs America)的特殊目的资管机构。"美国两房"属于特殊目的公司(SPC)的资产证券化或资管型 ABS,因其属于"政府支持企业"(Government Sponsor Enterprise,GSE),在美国国家主权信用背书下获得很低成本资金的金融产品或金融政策的支持,在全球按揭市场上持续购买按揭资产作为基础资产进行资产管理,以此获得巨大的风险利差。又因"美国两房"股小资大,所获得的巨大风险利差足以支撑"美国两房"的股价,所以"两房股"投资者可获得稳定投资回报。只因受限于美国反垄断法,"美国两房"只占近60%的按揭市场,资管规模却高达6兆美元。全球任何资管机构均无法获得"美国两房"所能获得的低成本资金,因此"美国两房"至今只是"全球孤版"。

随着负利率时代的来临而出现的负利率债券其实只是一种零息债券

(ZCB)，或者说，只是风险利差或基础利率（Basic interest，BI）为负的零息债券，与风险利差或基础利率为正的复利债券一样，均为零息债券。负利率时代的悄然而至，开始摆脱成本资本/货币（Cost Capital）时代，正式回归纯粹信用货币，其实也就开启了无成本资本/货币（No Cost Capital）时代。在无成本资本/货币时代，一般债券，即传统的年度收益率（Annual Return Rate，ARR）债券，因货币或资本去成本化而使无风险利率回归资本，可演化为零息债券。那么，复利债券必将理性的回归。

复利债券也不再是"贪婪"的代名词，而是"人类福祉"的新象征。复利债券，只是风险利差或基础利率为正的零息债券，在货币/资本去成本化过程中，风险利差随之去成本化。因此，复利债券的风险成本，主要是将风险利差进行转移，形成对复利债券的增信，复利债券便可与高信用等级的负利率债券具有同等安全性，可为国际主流资本所青睐。

复利债券，不仅可以大幅下降融资成本，而且基于风险利差转移，复利债券可成为无风险利率产品（Risk-Free Interest Rate，RFIR），如果复利债券的真正风险利差或基础利率仍然为正；复利债券亦可为资本/货币（Capital），如果真正风险利差或基础利率为零；复利债券亦可为负利率债券，如果真正风险利差或基础利率为负。因此，风险利差转移（SP）对于复利债券具有增信功能，即 SP 增信可取代国家主权信用（National Sovereign Credit，NSC）担保，为复利债券的历史性回归提供必要条件。

在 SP 增信条件下，风险利差可以通过批零交易进行转移，汇集于特殊目的公司（SPC）名下的资产池（Asset Pool），运用大数据技术寻求不同权益的风险定价，在同为风险资产的保险资产会计处理条件下，可设计出 100%风险覆盖率的数学模型，抵御随机违约率，可对风险利差进行价值管理（Value Management，VM），并形成风险利差权益增信机构，可称为利差价值管理公司（Spread VM Corporations，SVMC）。风险利差价值管理机构或增信机构的产生，就可以复制并取代全球孤版的"美国两房"，特殊目的资管便可发扬光大了。因为增信机构解决了"美国两房"赖以存在的低成本资金来源问题,可通过对特殊目的资管机构复利债券进行增信,所以复利债券可成为无风险利率产品或现金,便可募集低成本资金,从而支持特殊目的资管机构复制并取代"美国两房"。

第四节 中国非常资管

一、"异化"全球大资管

中国非常资管,首先表现为"异化"全球大资管。在全球大资管体制里的所有资管产品,中国式异化表现为:基于资产持有人不当缺位导致管理人缺乏信托责任。这是由于中国金融体制还未从古老交易方式转化为现代买卖方式,特别是民事信托或民事担保还未向买卖信托或买卖担保(现代增信)转化。尽管中国资本市场上已经存在所谓买卖信托或买卖担保所形成的信托型或增信型金融产品,无论是公募基金、私募基金、证券化产品、房地产投资信托,及其商事信托变形的信托计划、资管计划与理财计划,还是上市公司,从根本上讲,除了上市公司与私募基金仅作为内部管理拟制人,其他金融产品的基础资产均由管理人或者管理人名义下的合同持有,这两者必然涉及全球大资管的本质属性:管理人缺乏信托责任。因此,中国非常资管,其实反映了以间接融资为主、利率市场化改革不到位的问题,仍然停留在传统机构定价的静态融资资管机制,还未转化为现代市场定价的动态交易资管机制,还远未融入以信托责任为基础的全球大资管体制或现代国际金融贸易体系。

1. 商事信托

在中国信托法(实为民事信托法)条件下,商事信托演化为信托计划、资管计划或理财计划。严格意义上讲,这些计划均非商事信托,尽管民事信托的"自我扩张"至商事信托,却未真正冲破民事信托而演化为商事信托或买卖信托。运用中国信托法的信托机构,只是希望民事信托套用于商事信托或买卖信托,通过信托融资收取信托管理费用,却根本没有关注信托责任,因此,其在把民事信托转化为商事信托时,把澡盆里的小孩连水一起泼出去了,丢失了信托硬核——信托责任。

无论是信托计划,还是资管计划,抑或是理财计划,持有资产的人均名曰为各种计划,表现为各种金融机构命名的不同名称的合同。既然是合同,计划资产管理人便与合同权益持有人之间是"平等"地位,不用对合同权益持有人承担信托责任。商事信托及其在中国演化的信托计划、资管计划或理财计划等各种计划,均非拟制人,计划管理人必然缺乏信托责任;缺乏信托责任的各种计划,必然难以融入以信托责任为基础的全球大资管体制或国际金融贸易体系。在中国,商事信托所演化的房地产投资信托,则开始转向公募基金。但万变不离其宗,与公募基金一样,房地产投资信托也只是合同及其合同权益,或者合同份额,而非拟制人及其拟制人权益,仍然存在拟制人缺位导致的管理人缺失信托责任的重大问题。

2. 证券化产品

在中国,资产权益化与资金权益化是没有区别的。除了上市公司,中国其实并不存在资产权益化,或者证券化、资本化。一方面,中国所谓的财产信托、证券化产品与房地产投资信托,这些金融产品的特征与公募基金并无区别,都是先有资金然后再投资产;另一方面,因为财产信托、证券化产品与房地产投资信托,甚至公募基金,资产持有人均为各种名称的合同,只是合同权益,均非拟制人及其权益。基于拟制人缺位,就应该不存在资产证券化或资产权益化。因为资产证券化或权益化,本质上就是资产置换拟制人权益,而非置换合同权益。

正因为拟制人缺位,中国民事信托还未转化为买卖(商事)信托;商事信托及其演化的特殊目的载体,均非拟制人;金融产品管理人据此必然缺乏信托责任。缺乏信托责任的商事信托、证券化产品、房地产投资信托,甚至公募基金,必然难以融入以信托责任为基础的全球大资管体制或国际金融贸易体系。举例来说,近几年中国建设银行每年把近 3 000 亿元的按揭贷款通过按揭资产证券化（MBS）卖到香港或境外其他地区去，实际上这个MBS却是通过"双层SPV"才得以实现。因为按揭贷款不可跨境交易，但境内MBS却可跨境交易；如前所述，境内MBS只是中国非常资管：资产持有人缺位导致管理人信托责任缺失，在境外无法国际化发行，即无法融入以信托责任为基础的全球大资管体制。双层SPV实质就是，以境内MBS名义夹带着按揭贷款实现了跨境交易，在香港换上了全球大资管的MBS，实现了所谓的"中国MBS"的国际化发行，几乎可以假乱真。

二、不良资产管理

所谓"中国非常资管"，还表现为中国正式命名的资管机构，资管对象只是不良资产。不良资产资管机构是中国成本货币、机构定价、中国金融资产无法进入资本市场以及国资不可流失四大资产监管原则的"实践成果"。在国际资本市场上，不良资产只是处于资产处置状态，不属于资管对象，更谈不上不良资产资管机构。

中国不良资产管理机构（AMC）最早产生于四大国有银行市场化转型或上市改制需求。因"国资不可流失"原则，四大国有银行的不良资产不可作为处置资产进行处置，只能将不良资产剥离于四大国有银行，并将其置于新成立的不良资产资管机构名下，这不仅完成了四大国有银行股改上市任务，也遵守了"国资不可流失"的原则。

尽管"国资不可流失"原则催生了不良资产，但从根本上讲，却源于利率观念。从本质上讲，不良资产产生于成本货币与机构定价。因此，不良资产是中国利率市场化改革不到位的表现，也反映了以间接融资为主的中国特色金融体系。众所周知，中国利率的机构定价包括批零利差与风险利差，货币或资金都是有成本的，贷款或融资收取利息（利率/利差）是天经地义的。如果贷款（融资）违约或逾期，则形成所谓"不良资产"。由于当时的各种银行均为国有，所形成的不良资产当然要遵循"国资不可流失"原则。于是，不良资产便成为四大国有银行成立四大资管机构的资管对象和基础资产。

从利率市场化角度看,风险利率或风险利差是对资本的风险定价,风险利差则是对违约率(PD)的风险定价。因此,违约贷款(融资)的损失,实际上应该包括在风险利率或风险利差之中。因此,违约贷款(融资),应该属于处置资产;在资产处置中的损失(Loss),可作为风险利差经营的损失,或者说,处置收益也是风险利差经营的收益。因此,作为风险利差经营机构,无论是批发还是零售,商业银行及其金融机构对违约贷款(融资)的处置,只是风险利差经营的损益。据此,违约贷款(融资)或者不良资产,不应是资管对象,只是处置对象。

从目前利率市场化改革角度看,商业银行及其金融机构对违约贷款(融资)应该直接处置或者委托专业机构处置,这有利于风险利差经营的损益报表的确定。从商业银行及其金融机构作为上市公司角度看,如果不及时处置变现,则是故意模糊信息,扰乱资本市场对上市公司价值的判断。更有甚者,许多商业银行及其金融机构,既不作不良资产处置,亦不作不良资产管理,却以所谓的理财计划、资管计划或信托计划为金融产品/计划产品进行"流动"。

2017年下半年的"金融去杠杆"政策,使得这些计划产品无法"流动",导致中国金融界的所谓"金融恐慌"事件。但这个事件却又使银行间市场上的增信产品(CDS、CRMW与CRMA)获得了新生,即各个商业银行及其金融机构之间为这些计划产品进行互保,并通过运用所谓现代增信产品"信用缓释工具"(CRMW),使得这些不良资产或者表外资产得以正常流通。因为维护了这些计划产品的流动性,可以确保商业银行及其金融机构的"经营利润",及其具有投资价值的"低廉股价"。

令人啼笑皆非的是,不良资产资管机构已归入中国金融分类监管。地方金管局可审批不良资产资管机构牌照,中国银保监会给每个省分配两张不良资产批发牌照,可以批发购买商业银行的不良资产。而这个不良资产批发牌照,转眼却提升了中国资管机构的"价值"。

三、"P2P"与"蚂蚁称霸"

小贷公司或网络小贷公司(下称"小贷网贷"),对于小微企业(其实都是个体户)及其个人进行贷款(下称"个贷资产"),均应属于地方金管局监管。由于小贷网贷的资本杠杆率只有2倍左右,又无法将个贷资产出售,于是,小贷网贷演化出"资金借贷中介"或"理财产品",在所谓"普惠金融"思想的推导下,"高利贷"加"高息揽储",最终走向"庞氏骗局",无可奈何地演变成了人人喊打的过街老鼠——"P2P"。

所谓"无可奈何",主要是基于小贷网贷的资本杠杆率及其个贷资产的无法出售,促使小贷网贷走向"P2P"。资本杠杆率低,是基于小贷网贷资管人才少与资管能力差,无可厚非。个贷资产的无法出售,只能按2倍杠杆率进行融资,显然无法满足小贷网贷的业务需求与发展冲动。关键在于:小贷网贷的个贷资产为什么不能出售。如果可以出售的话,小贷网贷还会演变成"P2P"吗?

商业银行信贷资产在中国法律上是可以出售的,但在监管政策上却无法实现。1996年,中国人民银行发布的《贷款通则》规定了贷款资产转让条款。2004年,《贷款通则(征求意见稿)》增加了限制信贷资产转让条款,但最后并未得到中国人民银行通过。尽管如此,中国银监会却将此限制信贷资产转让条款通过监管政策、监管文件得以实现。虽然个贷资产不属于《贷款通则》中的信贷资产,银监会却将个贷资产视为信贷资产进行监管。但个贷资产与信贷资产唯一的不同是监管,个贷资产可以在中国证监会下属的两个证券交易所发行交易证券化产品(ABS)。应该说,"P2P"基于融资而涉及金融监管,小贷网贷不涉及融资,应该不涉及金融监管。

由于两个证券交易所发行交易的ABS,均为融资型ABS。小贷网贷发行量越大,杠杆率越高,如同"蚂蚁金服"的小贷ABS,资本杠杆率高达百倍,尽管在ABS相关文件中,个贷资产是可以买卖的、出表的。对ABS的这种曲解也是正常的、可以理解的,毕竟中国还未认识到更为高级阶段的买卖型 ABS，以及最高阶段的资管型 ABS。如果"蚂蚁金服"采用买卖型 ABS，就不会存在资本杠杆率高达百倍的情形，也不会据此成为上市受阻原因之一；反之，如果买卖型 ABS 或者资管型 ABS 在中国出现，那么，小贷网贷也就不会走向"P2P"，就会真正发挥小贷网贷的应有作用。从全球金融发展来看，个贷资产前景无限，将成为全球金融或贷款资产的主角。

第二章
一般资管

特殊目的资管与全球定价权
——上海何以建成全球资管中心

第一节　资管类型与资产定价权

一、一般资管与特殊目的资管的区别

从整体上来讲，一般资管与特殊目的资管构成了完整的国际资管体系。一般资管，简单地说，就是金融机构经营并获得风险利差或投资利益。它是以中央银行为中心的传统机构定价为主，以现代市场定价为辅的全球大资管体制。一般资管既包括金融资管，也包括投资资管。金融资管，因经营并获得风险利差，也可称为利差资管。金融资管与投资资管只是相对而言，前者经营并获得风险利差，后者从事投资业务并获得投资利益。从世界各国金融历史发展的总体上看，投资资管比重在不断扩大，金融资管范围正在逐步收缩，但这并不意味着金融资管规模在下降。与之相反，投资资管占比越大，金融资管规模也将成正相关发展。比如，一国债券市场规模一般为股票市场的 5 倍左右，最高可达 10 倍。投资资管占比大的资本市场，必将彻底终结"融资难融资贵"的传统金融历史。

金融资管或利差资管,是基于利差批发与零售关系形成的全球大资管体制,本书更多地关注金融资管在市场化方向上的发展,并对利差零售的金融资管类型进行细致研究与深入探讨。利差批发,涉及资金成本问题或无风险利率产品(RFRI),进而涉及货币与国债范围,触及一国央行与财政部,更是涉及国家主权信用(NSC)。金融资管既包括传统机构定价的静态融资资管,又包括现代市场定价的动态交易资管。现代市场定价的动态交易资管,与投资资管一起构成了以信托责任为基础的全球大资管机制或现代国际金融贸易体系。也可以说,现代国际资管行业已经从传统机构定价的静态融资资管朝着现代市场定价的动态交易资管或现代投资资管转化,而且从追求风险利差的金融资管向追逐投资收益的投资资管转化。通俗地说,从传统机构定价的间接融资转向现代市场定价的直接融资,现代市场定价必将取代传统机构定价。

但是,现代市场定价并非完全市场定价,基于金融资产的定价权必然归于市场定价,特殊目的资管也必将取代金融资管或一般资管,即在交易资管基础上提升至最高资管阶段,即特殊目的资管。这既是利率市场化的历史过程或历史必然,也是全球金融市场逻辑与历史的高度统一。特殊目的资管,不仅希望在动态交易投资中取代静态融资中金融资产定价权,或者不仅要以直接融资的市场定价取代间接融资的机构定价,并从交易投资中获得风险利差或投资收益,而且要在交易资管基础上掌握资产定价权,并以资产定价权为基础在交易市场上获得风险利差或投资收益。因此,特殊目的资管拥有着一般资管所难以企及的特殊目的,即掌握资产定价权。

综上所述,为了获得金融资产及其投资交易中的全球定价权,基于交易资管和投资资管的一般资管,或者全球大资管之外,还存在一个特殊目的资管。特殊目的资管,实际上是在一般资管基础之上发展起来的具有特殊目的的一种资管类型。因游离于全球大资管之外，特殊目的资管更与一般资管相区别，特别是处于以间接融资为主的金融体系之下，或者在传统机构定价的静态融资资管条件下，金融监管机构对特殊目的资管完全无法理解，根本无法以所谓"金融分类监管"去定义或分类。特殊目的资管据此又被称为国际另类资管；特殊目的资管机构也可被称为国际另类资管机构，比较流行的国际另类资管机构就是对冲基金，即在投资资管基础上发展起来的特殊目的资管。全球孤版的"美国两房"也是在金融资管或交易资管基础上提升而来的特殊目的资管。难以置信的是，全球金融学界与金融业界，对"美国两房"三缄其口，令人不得其解。

二、资产定价权的演变

正是因为在一般资管中，特别是在金融资管中不涉及利差批发业务，即不涉及资金（Capital）成本问题，或者不涉及无风险利率产品（RFRI）等领域，一般资管必然会走向特殊目的资管，与利差批发机构争夺资产定价权。即使在交易资管中，最高信用等级的机构增信（FG）或信用买卖的信用违约互换（CDS），也希望取得资产定价权，使增信的风险债券成为无风险利率产品（RFRI），因其与到期国债具有同等信用等级而取得了对风险债券的资产定价权。并且，特殊目的资管与美联储/中央银行的利差批发业务，其实构成了不同的金融资产定价权。由美联储/中央银行主导的机构定价，或者风险利差是由以美国国家主权信用为支撑的美联储/中央银行为主导的批零交易，必然会走向完全市场定价的特殊目的资管，即由特殊目的资管机构为主导的、市场化的批零交易，导致金融资产定价权发生"易主"现象。美元霸权或美国主权信用，未来必将向完全市场定价的特殊目的资管交付金融资产的全球定价权。

作为另类资管的对冲基金却如日中天，在全球大资管或投资资管基础上引领着国际金融行业迅猛发展；"美国两房"式的特殊目的资管，却因风险利差的 SP 增信取代美国国家主权信用,揭示并支持负利率时代复利债券理性的历史性回归,并为复制、取代"美国两房"的特殊目的资管机构崛起提供了前提条件。也就是说,特殊目的资管将在负利率时代与复利债券理性地历史性回归中不期而遇,这也正是全球大资管在未来全球金融发展过程中的历史必然,势不可挡。

中国为了表现出"拥抱"全球大资管,却形成了一个没有"根基"的中国非常资管。中国非常资管也拥有全球大资管体制中的所有资管产品,却均由资产管理人的合同来持有管理财产。因财产持有人或拟制人缺位,不仅导致产品管理人信托责任缺失,而且导致所有资管产品均为融资产品或再融资产品,即使上市公司也以融资为主要目的。因此,中国非常资管难以融入全球大资管体制或者国际主流资管行业,一时也无法融入现代国际金融贸易体系。

中国非常资管缺乏基本金融逻辑,与全球大资管其实无关,只是以间接融资为主的金融既得利益集团及其基础思维的展示。从某种意义上讲,无论是国际主流资管,还是全球大资管,均在中国无法成为正常的资管形式。基于中国目前还处于传统机构定价的静态融资资管的历史阶段,中国金融资产价格及其利率市场化改革还不到位,风险利差或任何市场定价,都是对中国金融资产的机构定价,或者对中央银行资产定价权的挑战。

中国金融资产定价权看似掌握在传统的金融机构手中,其实从美元霸权来看,却丧失了金融资产定价权。因为传统机构定价的静态融资资管,是处于金融资管或利差资管的低级阶段,只是风险利差的零售业务,或者"制造"金融资产的零售业务。因此,中国静态融资资管只是处于金融资产定价权的最低端,并由具有批发权的机构定价决定零售业务定价,或者随着基准利率或无风险利率变动而波动。在传统机构定价的静态融资资管阶段,无论是利率批发机构,还是零售机构,各个金融机构看似紧抓着金融资产定价权,实质却因处于金融资产价值链低端,并未真正掌握金融资产定价权。如同改革开放之初中国实体产业处于全球价值供应链的末端一样,产品定价权并未掌握在"三来一补"的中国加工企业手上,也不会因中国庞大的零售市场而拥有产品定价权。掌握产品定价权的,一定是具有科技实力且可持续创新的全球资本巨头。同样,目前的全球金融资产定价权,已经从传统机构定价的低级阶段走向两者混合的现代市场定价阶段,未来将要走向完全市场定价的更高阶段。国际资管种类也将从融资资管走向交易资管,再从交易资管与投资资管走向更高级的特殊目的资管,无论是对冲基金,还是资管型 ABS,最终将掌握国际资本市场上主要金融资产的全球定价权。

第二节　金融资管

一、类型范围

金融资管(AM for Financial),也就是利差资管(AM for Spread)。以风险利差(Spread)为资管对象所形成的金融行业与金融产品,可称为金融资管。基于风险利差作为风险定价,以银行贷款(Loan)为主的融资资产便具有了不同的资产价值与资产风险,因此便有了资产管理的需求,这是最早的、最初级的资管类型。也就是说,金融机构以机构定价(利率零售)方式,追求并获得风险利差,形成了最为基础的资管类型,即融资资管。融资资管应该是最初级的金融资管。

在融资资管中,因融资资产存在着风险利差的"零和游戏",金融机构或商业银行可运用相应资本杠杆率,进行"再融资",或者破局"零和游戏"的资产交易。于是,在传统机构定价的静态融资资管基础上展开了资产交易,因而进入了现代市场定价的动态交易资管。金融资管,从静态融资的初级阶段资管走向动态交易的高级阶段资管,从传统机构定价走向现代市场定价,金融资产定价权发生了相应移动或转移,形成了以风险利差为资管对象(资管核心)的国际主流资管。但是,现代市场定价并不是对传统机构定价的彻底否定,而是在传统机构定价基础上升级并完善了传统机构定价,由此构成以金融资管为基础的现代金融机构体系,并与投资资管一起构成全球大资管体制,或者现代国际金融贸易体系。

一方面,金融资管可提升为"美国两房"式的特殊目的资管,如同投资资管可上升为"对冲基金"式的特殊目的资管,即覆盖金融资管与投资资管的一般资管,必将提升为特殊目的资管;另一方面,金融资管中的交易资管与投资资管一起,又形成了全球大资管体制或现行国际资管体制,与金融资管中的融资资管相对应,即传统机构定价的静态融资资管,与现代市场定价的全球大资管体制相对应。但无论如何,融资资管与全球大资管一起构成现代国际资管行业或国际主流资管。

金融资管有着不同的类型,从静态融资资管转化为动态交易资管,再由动态交易资管走向特殊目的资管,不仅体现了利差资管的多样性、复杂性或丰富性,而且体现了人类理性思维能力与价值取向。尽管都是经营并获得风险利差,但金融资管均不具有特殊目的(Special Purpose),无论是融资资管,还是交易资管。金融资管与特殊目的资管不同,并不具有特殊目的,即在追求资产定价权的基础上获得甚至下降风险利差。特殊目的又表现为持有基础资产的拟制人方面,具有特殊目的的拟制人,可称为"特殊目的载体"(Special Purpose Vehicle,SPV),或者"特殊目的公司"(Special Purpose Corporation,SPC)。当然,特殊目的根据需求可以设置各种内容,但是,最关键、最根本的特殊目的,就是追求资产定价权;在掌握了资产定价权的基础上获得风险利差;甚至降低风险利差或降低融资成本或降低资产定价,这充分体现了人类理性思维能力与价值取向。

由此可见,全球大资管改变了以间接融资或机构定价为主的静态融资资管,走向了以直接融资或市场定价为主的动态交易资管。它不仅包括利差资管,而且包括投资资管,逐渐成为国际主流资管,在资产动态交易中掌握着全球金融资产定价权。除了投资资管,利差资管中的特殊目的另类资管更上一层楼,又构架了降低融资成本、造福于全人类的顶层设计,并将取得对各种金融资产的全球定价权。

无论在融资资产或固有产品之中,还是作为风险资产或增信资产而独立存在,资管对象本质上都是风险利差;无论是同业拆借、银行贷款,还是银行保理或贷款买卖,都是为了经营并获得利差,都属于利差资管。因此,古老的金融机构体系均以利差资管为中心,如基础资产不为融资资产的股票权益类证券均不属利差资管,而是投资资管。全球大资管中的许多资管产品均不属于利差资管,如公募基金、私募基金、房地产信托投资基金、上市公司及一部分对冲基金。

二、融资资管

融资资管主要是指金融机构/商业银行将资本金,或者批发(同业拆借、央行基准利率、固定存款)进来的资本运用于贷款、租赁、小贷等融资零售市场。基于市场客户信用或风险不同,产生不同的信用(风险)利差,形成不同信用风险的信用资产/风险资产,即融资资产。据此,金融机构/商业银行的融资资管实际上就是金融机构/商业银行的制造并管理风险利差或风险资产。它可分为两个部分:一个是资金来源的成本管理,另一个是客户信用及其风险定价管理。

不同资管机构形成不同融资资产,商业银行形成信贷资产,租赁机构形成租赁资产,小贷(网贷)机构形成个贷资产。又因客户信用风险不同,形成不同信用风险的信用资产/风险资产。

1. 成本管理

商业银行与其他金融机构相比,在资金成本管理上具有特殊性,即

M2，资本杠杆自我放大能力或自我再融资能力。不仅如此，中国还可利用"官定"存贷利差获得低成本资金，即正效应再融资。中国其他金融机构却没有这么幸运，因为没有存款，资本都是有成本的，再融资成本的正负取决于市场风险管理。与再融资有关的金融产品，包括商事信托名下的信托计划、资管计划与理财计划，以及融资型证券化、融资型保理、再抵押融资等，都需要进行市场风险管理。在中国利率市场化不够的条件下，以间接融资为主的机构定价难以变更，资金成本或利率批发成本或无风险利率居高不下。2020年，由于新冠肺炎疫情的影响，商业银行的零售利率从5%左右下降至4.5%左右，但无风险利率或批发利率却从3%左右上升到3.5%，这挤压了金融零售机构经营的风险利差空间，导致一些金融学者惊呼连连。

因为资金来源或融资方式不同，金融机构对于客户负债率的资管方式也不同。比如租赁机构对客户负债率关注度比较低，因为租赁期间所有权还未转移给客户。信托机构或其他金融机构获得真实资产抵押的，一般也对客户负债率要求比较低。而商业银行贷款是由信用贷款形成的信贷资产，所以对客户负债率关注度比较高。信用债券与信用贷款在客户负债率上应该是一致的。如果商业银行贷款是抵押贷款，就不是信用贷款，不能算作信贷资产，应该如同租赁资产。因此，从风险上看，信用债券风险最高，如果银行贷款是抵押贷款。信用债券发行对客户负债率的要求比较严格：负债率越低越好。据此，法律应该规定，对于客户进行信用融资（信用债券或信用贷款）的，优先偿还。当然，这是指在抵押融资（贷款）、租赁融资追究客户无限责任的，即抵押物、租赁物处置价值不足以清偿债务时，应该置于信用融资清偿之后才能求偿；否则，信用债券与信用贷款在客户破产清算时成为弱者。反之，进行抵押贷款的商业银行风险最小，因为客户现金与资产都在商业银行眼皮底下，可以随时进行扣款还债或诉讼保全。因此，信用债券与信用贷款在中国难以成市，商业银行变成当铺,抵押债券无法成市,约束了债市规模。中国债市规模小,债市不够发达,均与债务清偿次序的法律规定有关。

2. 定价管理

定价管理就是贷款或融资业务的风险管理。不同风险或不同信用等级的客户(群体),风险定价不同,即资金运用的风险利差不同。据此可以判断,客户(群体)的好坏并不影响风险定价,好的客户(群体),融资的风险定价低,资金运用的风险利差低;差的客户(群体),融资的风险定价高,资金运用的风险利差高。由于风险在时空中分布不均匀,导致不同融资机构难以对抗随机违约率。幸运的融资机构可能遇上"丰收年"而鲜有违约损失,失意的融资机构可能遇上"倒霉鬼"而承担较大违约损失。

为了应对融资机构这种不平衡状态,或者对抗融资资产的随机违约率,并且为了提高资本效益,金融资产/融资资产/贷款资产的批零交易机制得以建立。在信贷资产或融资资产批零交易机制下,各种小贷机构或网贷机构蜂拥而至,蚕食现代融资零售市场,导致很多国际大型金融机构通过大量裁员来缩小商业银行经营规模,甚至放弃经营成本高昂的商业银行牌照,比如汇丰银行就放弃了美国商业银行牌照。不仅如此,商业银行在现代融资零售市场上惨遭"滑铁卢"。随着大型企业集团直接融资规模不断扩大,具有供应链金融的中小企业也参与到直接融资中,风险投资(VC/PE)对于高科技及其创新企业持续进行风险投资,商业银行所能贷款的对象越来越少,剩下的就是独立的中小微企业,这是商业银行贷款风险最大的客户(群体)。

当信用货币/资本已经被证明没有成本(No Cost Capital),成本货币/资本缘于通胀教条而立,因货币超发而不攻自破的"美国式谎言"破灭后,商业银行既要面对拥有80%财富的资本集团的庞大存款,又要面对高风险的独立中小企业。于是,资本/货币与其他资产一样,失去了时间正成本,并产生了管理负成本,商业银行的存款管理费应运而生,而且这是覆盖商业银行经营成本的唯一途径。那么,负利率债券只是基于"两害相衡取其轻"而横空问世,负利率时代也就不期而至了。

在负利率时代,各种专业个贷(网贷)机构运用高科技直面融资零售市场,把原来商业银行不太关注的个贷(网贷)做得风生水起。个人贷款(以下简称"个贷"),包括传统的按揭贷款与大学生贷款,以及现代的消费贷款与创业贷款(网贷)。尽管个贷风险大,但风险定价高,而且前景广阔,现已占全球融资市场的37%~42%(不同统计口径)。因此,成本低、经营灵活的个贷(网贷)获得了空前发展,无论是中国从事小贷网贷的"蚂蚁京东",还是美国从事网上按揭的火箭公司,抑或是全球信用卡公司,都获得了巨大成功,形成面对融资零售市场的所谓"金融科技企业"。

但是,在利率市场化不够的中国,或者以间接融资为主的机构定价条件下,客户(群体)决定了融资资产的好坏,形成了所谓的"好资产"与"坏资产"。并且,在资金成本论支持下,"好资产"是正常的,"坏资产"是不允许的,又在"国资不可流失"的国资管理原则下,"坏资产"转化为"不良资产",只能管理,不可处置,否则"国资流失"则构成重大损失,金融经营机构无法承担如此罪责。因为资金成本及其利差(利息)是确定的,"坏资产"在主观上不可接受,却在客观上不可抛弃,只能进行名曰为"资产管理"。

"不良资产"可为资管而非处置,实为"中国独论";中国唯一可以为不良资产正名的资管机构,也成为"全球绝版"。因此可以说,不良资产及其资管机构正是反映了中国在全球金融资产的风险定价上并无"发言权",或者全球定价权与中国无关,正如中国经济产业链处于全球末端,同样也没有产品定价权一样。在不良资产被移植到资管机构前,或者没有资管机构的商业银行,却尽量进行所谓"表外理财",即以"坏资产"或"不良资产"作为基础资产,并以假象的商事信托名义进行再融资,包括信托计划、资管计划与理财计划。这些商事信托产品只要持续发行流通,就可为商业银行进行财务包装,从而提升商业银行股价,这是"中国式谎言"。

三、交易资管

交易资管是在融资资管基础上发展起来的资管类型,与低级阶段的融资资管相比,属于高级阶段的金融资管,即开始摆脱以传统机构定价为基础,以间接融资为特征的融资资管或金融体系。走向市场交易定价的交易资管,与直接融资为特征的投资资管,构成了全球大资管。交易资管分为再融资资管与批零交易机制。

1. 再融资资管

再融资资管与融资资管的成本管理有关,但却不是同一种资管。再融资资管涉及资本杠杆率与周转率,与资本效率有关。如果初始资金来源是相同的,对于金融机构来说,资金成本管理最关键在于再融资管理,但再融资管理却基于市场风险管理。如果市场风险管理得好,效益为正,再融资所增加的杠杆率则可加倍扩大正效益;如果市场风险管理得不好,效益为负,再融资所增加的杠杆率则可能加倍扩大负效益。因此,在运用再融资资管,或者扩大资本杠杆率或周转率时,必须以市场风险管理为前提,即效益为正。再融资资管产品既包括有追诉权的福费廷或保理业务,也包括融资型ABS,在中国还包括各种金融机构的资管计划或理财计划,以及信托机构的信托计划。

作者曾为一位博士班同学(租赁机构管理人)提供建议,在资金成本来源相同条件下,依赖于10倍资本杠杆率或资本周转率,可取得比同类金融机构业绩更高的增长率。但是,这同时必须配置效益为正的融资资管对象,即租赁市场及其客户应该是市场信用相对较好的,可为商业银行或投资银行所认可的。这位博士班同学就以市政融资或基建融资市场为基础,以提高资本杠杆率或资本周转率为关键因子,使其所管理的租赁机构迅速发展。这个租赁机构从银行再融资,到金融机构资管计划,再到资产证券化等不断提升再融资资管产品。目前,他所管理的租赁资产总规模早已超过 300 亿元人民币,在为租赁机构投资者带来了丰厚回报的同时,租赁机构资本金持续增加,并为资本市场所关注。

2. 批零交易机制

为了破局基于融资资产所形成的"零和游戏",融资机构愿意转让或出售融资资产,据此必然形成融资资产的批零交易机制。"零和游戏"是指形成融资资产的融资关系双方均为融资业务的失败方。站在金融机构角度看,即使融资资产的风险定价正确,商业银行或金融机构也很难获得风险利差,特别是长期融资资产,如果年度利差定价(年息)与年度统计的违约损失相等;站在融资者角度看,年度收益率的融资资产,不仅支付了货币或资本的年度批发成本,而且支付了风险利差的零售成本(风险利率),还支付了高昂的年息。因此,不因为金融机构难获得风险利差而降低了融资利息的支付,可称为"零和游戏"。

基于融资资产的"零和游戏",经营风险利差的零售金融机构或商业银行,往往会提升融资资产的风险定价,以获得更高的资产利差。对于融资资产而言,风险定价的提升,便可形成高于市场定价的机构定价。于是,在年度统计的违约损失产生之前,零售金融机构或商业银行更愿意转让或出售融资资产,或者将具有机构定价的融资资产转让或出售而获得风险利差,据此破局"零和游戏"。为了获得风险利差而破局"零和游戏",零售金融机构或商业银行转让或出售融资资产,形成融资资产批零交易机制,这是必然而理性的选择。

批零交易机制既包括供应链金融中没有追诉权的福费廷或保理业务,也包括融资资产为了发行证券化业务所形成的批零交易机制。福费廷或保理业务主要服务于供应链金融。因为众多商业银行或金融机构"分食"融资市场,可相互之间开展福费廷或保理业务,从而构成供应链金融,提升资管效率,降低资产风险,获得风险利差。商业银行、金融机构及其债券投资机构开展融资资产的信用交易或风险出售,可以获得比无风险利率产品更高的无风险利差。出售信用或购买风险的,可为交易资管;如果从信用衍生产品或增信角度看,又可为投资资管;如果从掌握融资资产定价权这一特殊目的看,更可为特殊目的资管。因此,无论是机构增信的金融担保(FG),还是产品增信的信用违约互换(CDS),抑或是权益增信的 SPV 产品(RBS)或 SPC 公司(CEC),都是信用风险交易的不同资管类型。

按揭贷款可以证券化,无论是投资银行发行买卖型 ABS,还是特殊目的资管型 ABS,商业银行或个贷机构均需开展按揭贷款的批零交易业务。通过批零交易业务,商业银行或个贷机构可获得批零交易利差,即无风险利差。投资银行批发购买按揭贷款,并发行买卖型 ABS,同样可以获得无风险利差。特殊目的资管机构批发购买按揭贷款,并通过债券等融资工具获得低成本资金,也可以获得无风险利差,因此美国按揭资产的批零市场呈现了繁荣景象。网上按揭公司——火箭公司,作为按揭零售商,通过批零交易获得无风险利差,上市股价甚至可以超过"美国两房"。"美国两房"作为按揭批发商,通过低成本融资获得无风险利差,成为全球独一无二的特殊目的资管型 ABS。

第三节　投资资管

一、确定范畴

投资资管属于全球大资管体制,也是全球大资管中的一般资管类型,与金融资管相对而言,并共同构成了一般资管。其与一般资管中的交易资管属于同一层级,却高于一般资管中的融资资管,并与融资资管相区别。投资资管如同交易资管,是从传统机构定价的间接融资体制向现代市场定价的直接融资体制转化的典范。从这个意义上说,投资资管与交易资管是融资资管体制转化的两个方向。

首先,基于融资资管发展出来的、追求风险利差的交易资管,比如批零交易是从零售角度去看的,或者融资型ABS也是从这个角度看的,都是站在金融机构的零售角度去获得风险利差。投资资管则是从批零交易的批发购买角度去看的,买卖型ABS与资管型ABS均为资产批发者所为,与金融零售机构无关。

其次,投资资管并不满足批发角色,而是希望直接取代融资资管,并以现代市场定价取代传统机构定价。于是,融资资产产品化的债券及其所衍生的信托产品、资管产品,以及理财产品及其各种结果性融资产品蜂拥而出,并在这个进程中创造了取代传统金融零售机构的市场交易者,比如,公募基金的债券投资基金(以下简称"债基"),私募基金式的信托计划、资管计划与理财计划。因此,投资资管比交易资管更为市场化,或者说由机构定价转化为市场定价的资管机制更为彻底。

最后,我们也必须看到,投资资管与融资资管,在央行基准利率上,或者在无风险利率(如到期国债利率)上都是一致的,均是以货币/资本的时间成本为基础的。可以这样理解,投资资管与交易资管,虽然取代了传统机构定价的静态融资资管,属于现代市场定价的动态资管类型,但只是相对于金融零售市场或金融零售机构而言,并无法达到完全市场定价的特殊目的资管,及其金融批发市场或金融批发机构。从这个意义上说,投资资管与交易资管只是对融资资管的有效补充或部分替代,并不是彻底取代。因此,投资资管、交易资管与融资资管一起构成了全球大资管体制。特殊目的资管,在现行国际资管行业中,只能称为国际另类资管,它与以美联储或美元霸权为基础的全球金融体系或现代国际金融贸易体系或全球大资管体制格格不入。

投资资管,无论如何还是超越了交易资管或金融资管,不仅从事风险利差业务,又基于资管机构不同于传统金融零售机构,还可以拓展金融资管或利差资管无法进入的全新领域,包括股票、汇率和黄金、石油等大宗商品的期权期货,及其期指掉期等投资领域。但是,投资资管还只是初级阶段,还需进一步提升至特殊目的资管,即追求并掌握资产定价权的资管类型。

投资资管,其实又构成了全球大资管的最核心因素。古老交易方式或资产转移方式,比如信托、担保或保险,已经转化为现代金融(买卖)交易方式或现代金融贸易方式,并逐步形成了现代国际金融贸易体系,如同国际货物贸易体系。所有现代金融贸易方式,无论是资管产品,还是资管机构,抑或是资管产品投资机构,正好构成了投资资管的全部内容。

在现代国际金融贸易体系中,民事信托转化为买卖信托/商事信托,逐渐形成了信托型金融产品或证券产品体系。商事信托发展出了公募基金与私募基金、特殊目的载体及其证券化产品、房地产信托投资等持有信托资产的外部管理拟制人,资产管理人因此具有信托责任;而且又深化了内部管理拟制人,包括各种上市公司、特殊目的资管机构的信托责任。民事信托新的发展方向——私人银行与家族信托增长迅速。民事担保也转化为买卖担保的信用违约互换与信用风险缓释凭证,及其保险联结证券,据此形成了增信型金融产品或证券产品体系。

"改革版CDS"披露了风险利差的交易流转形态,增信交易的投资资管机构,比如债券投资基金,只是希望通过增信交易来对冲债券的资产风险。与投资资管机构不同的是,风险套利的另类资管或对冲基金(HF)则专业从事各种CDS交易或利差交易。在负利率时代得以历史性回归的复利债券中,利差转移不仅可使复利债券成为无风险利率产品,而且可以实现有限责任增信或终极增信。利差转移只属于投资资管,利差管理却可为投资资管,也可为特殊目的资管,即利差价值管理机构或特殊目的增信机构。

二、投资资管机制

投资资管机制即其所涉及的资管产品、资管机构及其投资机构,就是全球大资管体制中的资管产品、资管机构及其投资机构,既包括资产权益化或产品化、证券化或资本化,又包括资金权益化或产品化。

1. 公募基金

由基金资管公司(任何可作为公募基金管理人的法律名称)发起设立并管理的公募基金(Fund),在资本市场上可以公开地对无特定投资者进行无最低限额的募集资金,并依据公募基金约定条件成立。

公募基金作为拟制人正式成立,投资者则成为公募基金权益或份额持有人,基金资管公司则为公募基金管理人。基金资管公司在对公募基金及其份额持有人承担信托责任的基础上对公募基金进行约定方式或模式的资产管理,投资约定的投资对象与投资限制;在为公募基金及其份额持有人获得投资收益的同时,享有公募基金约定的管理费。

公募基金种类繁多,包括且不限于股票或证券投资基金、债券投资基金及其股票债券混合投资基金;可以在股票的一级市场上投资,也可在股票的二级市场上投资。

2. 私募基金

私募基金(PE)与公募基金不同,既不可在资本市场上公开募集资金,也不可对非特定投资者进行募集,往往还要设定最低投资限额。私募基金的基本法律形式为有限合伙(LP);私募基金一般由具有丰富投资经理人或具有良好投资业绩的投资人,作为普通合伙人(GP)发起设立;基于私募基金也是一个法律上的人或拟制人,私募基金投资人在私募基金成立后成为私募基金权益持有人,即有限合伙人(LP)。

有限合伙人不参与私募基金管理,否则将转化为普通合伙人,或者退出私募基金。同样,普通合伙人对私募基金及其有限合伙人承担信托责任。普通合伙人运用资金按私募基金合约规定投资约定的投资对象,私募基金所获投资收益由私募基金投资人享有,普通合伙人则享有私募基金管理费。

私募基金还可以有限公司形式存在,比如投资公司或资管公司。它主要是以股东之间协议来确定投资关系、投资对象、投资比例、投资分配。私募基金的种类很多,不仅包括企业发展初期的股票投资,即天使基金及其多轮风投基金,而且包括企业发展后期的股票投资,以及企业上市前投资的跟投基金。

3. 商事信托

商事信托及其衍生产品,既包括狭义的信托产品、资管产品与理财产品,又包括广义的公募基金、房地产投资信托,甚至证券化产品,如果仅站在与民事信托区别的角度看,或者从资产持有人与管理人分离来看。

无论是信托产品、资管产品与理财产品,还是公募基金、房地产投资信托与证券化产品,均由信托机构、资管机构与理财机构,或者基金管理人、信托管理人与证券化产品管理人担当产品管理人,收取产品管理费,并对产品投资者承担信托责任。只是中国的这些产品,由于资产持有人缺位(合同持有),导致管理人信托责任缺失,使得中国无法融入全球资管体制或现代国际金融贸易体系。

第三章
特殊目的资管

特殊目的资管与全球定价权
——上海何以建成全球资管中心

第一节 特殊目的及其交易机制

一、特殊目的

一般来说,国际另类资管的特殊目的主要是在资产动态交易投资中寻找或"制造"资产定价权,从而获得投资收益或风险利差,通常称为对冲基金。因此,特殊目的主要在于交易机制中确定资产定价权,从而获得风险利差的资管,可称为特殊目的资管。或者说,具有追求资产定价权这一特殊目的的资管,就是特殊目的资管。因此,在动态交易及其交易机制中寻找或确定资产定价权的对冲基金或国际另类资管,即为特殊目的资管。

特殊目的资管与一般资管不同的是,无论是特殊目的资管机构(SPC)或资管型 ABS,还是对冲基金(PE/AMC),不仅追求并获得风险利差或投资收益,而且要在确立资产定价权的基础上获得风险利差或投资收益。因此,特殊目的就是在动态交易或交易机制中掌握资产定价权。

对于以金融资管/利差资管为基础的特殊目的资管来说,在确定或掌握风险利差的基础上,不仅要获得风险利差,而且要不断地降低风险利差,将较高风险利差的机构定价调整为市场定价,最终掌握由风险利差定价的金融资产全球定价权,或者完全市场定价。完全市场定价,不仅区别于传统机构定价,而且区别于现代市场定价。现代市场定价其实是建立在传统机构定价之上,只是与传统机构定价分享金融资产全球定价权。

特殊目的资管,不仅包括金融资管或利差资管升级而来的融资型ABS、买卖型ABS与资管型ABS,而且包括投资资管升级而来的对冲基金。其一,融资型ABS与买卖型ABS的资产持有人或拟制人,只是特殊目的载体(SPV),资管型ABS则是特殊目的公司(SPC),而对冲基金却是有限合伙或资产管理公司,均在确定并掌握资产定价权这一特殊目的的基础上,追求并获得风险利差或投资收益。其二,融资型ABS与买卖型ABS,其实在确定并掌握资产定价权这一特殊目的上还存在缺陷,只有资管型ABS才能实现这一特殊目的。其三,资管型ABS真正实现了掌握资产定价权这一特殊目的,也就取得了对作为基础资产的金融资产定价权,也就实现了由传统机构定价向完全市场定价的华丽转身。

特殊目的资管包括国际另类资管中的对冲基金,而对冲基金只是金融零售领域或全球大资管体制中的"独狼",尽管可从事基于金融资产的风险定价而获得风险利差,但也只是在金融零售领域的某些特殊区域、特殊时段进行特殊操作而获得的金融资产的风险定价权。作为资管型ABS,特殊目的资管机构(SPC)却是金融批发领域甚至全领域里的"雄狮",通过金融资产的批零交易,汇集金融资产及其风险利差,最终通过特殊目的资管实现掌握风险利差或金融资产定价权这一特殊目的。

从整个国际金融体系来看,由美联储/中央银行作为基准利率批发商,由商业银行作为风险利率零售商,无论是美联储的股东市场,还是中国银行间市场;无论是运用基准利率批发,还是运用无风险利率产品(到期国债)批发,均由此建立了以美联储/中央银行为核心的传统机构定价的静态融资资管体系,即以间接融资为主、以利率批零交易机制为特征的金融体系。基于现代市场定价的动态交易资管与投资资管,形成了现代国际金融贸易体系或全球大资管体制，并在这个基础上提升至更高资管阶段，即特殊目的资管，从而实现了更高层次的特殊目的，即金融资产的全球定价权。

同样，特殊目的资管作为风险利差或金融资产批发商，商业银行及其他金融机构作为风险利差或金融资产零售商，通过风险利差或金融资产的批零交易机制，资产定价权经由传统机构定价转向现代市场定价，再进一步转向完全市场定价。间接融资转化为直接融资与间接融资相结合的混合融资，又基于批零交易机制，间接融资不可能完全消失，混合融资将是未来主要融资形态，但资产定价权则可能由美国国家主权信用转向风险利差转移及其价值管理。

掌握资产定价权这个特殊目的，不是单个、偶尔、一时的市场行为或市场交易或市场定价，而是以市场交易为基础并支持的金融体系。过去式的资产定价权属于美联储及其跟随美元霸权的各国央行，或者说以美国国家主权信用为基础/支撑的金融体系，也就是以国家权力为核心并支撑的金融体系。这个金融体系是通过基准利率批发与风险利率零售，构成的以间接融资为主、以传统机构定价为特征的金融体系。未来式的资产定价权则属于风险利差，或者说是以完全市场交易为基础/支撑的金融体系，也就是以市场信用或交易信用为核心并支撑的金融体系。它通过风险利差批零交易机制，构成了以直接融资为主，以完全市场定价为特征的金融体系。

从转化、替换过程来看，美国转换得快一些，欧盟慢一些，但从货币成本（Cost Capital）角度看，欧盟早已进入无成本货币（No Cost Capital）或负利率时代，美国这十余年来则在美联储"绑架"下，在美元严重超发条件下，才逐渐过渡到无成本货币或负利率时代，尽管不时会有些较大波动，但只是掩饰一下"货币成本论"这种反人类谬论。只是欧盟还未明白，在无成本货币或负利率时代，如何去创立金融产品、信用基础及整个金融体系。

从目前来看，现代市场定价的动态交易资管与投资资管，并不能全部取代传统机构定价的静态融资资管体系，只是现代市场定价对传统机构定价的补充与丰富。未来建立的特殊目的资管，至少在如下方面具有积极意义：金融去杠杆，优化金融机构结构体系与产品体系；利率市场化，降低融资成本;抑制货币超发与通货膨胀,平衡负利率向零利率回归,提高货币或资本的运用效能。

随着负利率时代的来临,复利债券的历史性回归,"全球两融"的形成,现代市场定价的动态交易资管与投资资管将会不断挤压传统机构定价的静态融资资管体系的运行空间与运行比例,特殊目的资管的作用将会逐渐大于美联储/中央银行,利率市场化将得以彻底实现,货币超发与金融杠杆将彻底消除,彻底终结"融资难、融资贵"历史,金融服务于实体经济,造福人类。因此,在特殊目的资管阶段,意味着将建立起以完全市场定价为主,以特殊目的资管机构为中心的未来全球资管体系。

国际另类资管只是意味着现行金融监管机构无法以所谓的金融分类监管名义对其进行监管,实际上却是害怕资产定价权转移给国际另类资管机构。美国尽管名义上正在试图对"对冲基金"进行沟通与监管,却从不涉及真正成型的特殊目的资管和资管型 ABS,使"美国两房"成为全球孤版。如同对待取代美国主权信用货币的比特币,在解构了比特币及其区块链技术后,数字货币及取代 SWIFT 的 Libra 等虚拟货币开始唱主角,并让无数"维京海盗币"也与比特币同台竞争,损害比特币的另类货币形象。

国际另类资管,将是美国乃至世界各国争夺金融资产定价权的主战场。对冲基金的发展速度与规模增长,以及世界各国对于对冲基金的关注度正在进一步加强,说明了未来金融资产定价权之争,真正关乎了国家金融安全。从这个意义上讲,一国仅以所谓央行(机构)定价为中心的金融资管,及其配置于投资资管所支撑的一国金融体系,目前只是美联储或美元霸权的附属品。那么,市场化的特殊目的资管一旦登场,将彻底引领现行全球大资管体制,形成完全市场定价的全球金融贸易体系。

二、以数学模型为基础的交易机制

特殊目的资管与一般资管不同,无论是交易资管,还是投资资管,均需建立以数学模型为基础的交易机制,并由此形成数字金融资产。无论是对冲基金,还是资管型 ABS 或特殊目的资管机构(SPC)均如此。以数学模型为基础的交易机制,如同博弈机制中的风险定价或博弈资产是稳定地建立在2%的"贴水"概率上一样,不在乎某一资产或某一产品在某一交易时段的获利与否,而是在"算法"或数学模型帮助下,通过各种杠杆或风险资产对交易数据进行系统性或概率性操作,在掌控交易资产定价权的基础上获得风险套利或投资收益,其实可谓"无风险套利"。对交易数据系统性或概率性操作,正是确定交易资产的风险定价方式,需要以数学模型为基础或借助于计算机支持的数学模型。通过以数学模型为基础的交易机制所形成的资产,可称为"数字金融资产"。

应该说,数字金融资产与某一分类金融监管下的一般金融资产,不是一个层次上的金融资产。数字金融资产是建立在一般金融资产基础之上,并以数学模型构建的交易机制作为数字金融资产的基础条件。数字金融资产因此超越了一般金融资产,而且两者不可逆转,一般金融资产绝不可为数字金融资产,因为它们是分属两个不同维度的金融资产,因此无法相提并论。

无论是策略对冲基金或者量子对冲基金,还是特殊目的资管机构(SPC)或者资管型ABS,它们所拥有的数字金融资产,与一般金融资产相比,前者属于高维度,后者则属于低维度。因此,目前国际金融分类监管无法对数字金融资产或者特殊目的资管,甚至对冲基金,进行正常或有效的金融监管,除非提高国际金融分类监管自身的监管水准与监管的知识结构,而不是把数字金融资产或特殊目的资管硬性降维为一般资管,硬塞进全球大资管体制内进行降格金融监管。

特殊目的资管与一般资管相比,在金融资产定价权上也存在着不同层次、不同维度的差距。特殊目的资管机构相对于金融机构,应该对金融资产具有更多的定价权;对冲基金相对于投资资管,应该掌握着更多的资产交易定价权;资管型ABS或特殊目的资管机构(SPC)相对于利差资管或金融资管,同样掌握着金融资产的全球定价权。以数学模型为基础对交易机制进行风险定价,属于完全市场定价。与机构定价或一般市场定价不同,它是基于违约率的风险定价,或者因不同资产配置失当或者价格失衡所产生资产风险及其价格波动,据此可为对冲基金提供新的交易定价或风险定价,并通过以数学模型为基础的对冲投资这种交易机制来获得对冲收益或无风险套利。

实际上，以数学模型为基础对交易机制进行风险定价，可以反映为资产批零交易机制，仅仅是以数学模型为基础的交易机制的另一种折射现象。在金融资产零售阶段，资金或无风险利率在风险主体上运用所需要的风险定价，反映为风险利差或风险利率，网贷机构/金融机构以所谓的数学模型或科技手段对贷款对象进行风险定价而形成数字金融资产。在金融资产批发阶段，特殊目的资管机构（SPC）通过资产批零交易机制，方可实现以数学模型为基础的资管机制或价值管理。因此，风险利差或风险资产批零交易机制，仅仅是以数学模型为基础的交易机制在金融资管与特殊目的资管不同范围的运用。

三、资产批零交易机制

特殊目的资管，无论是买卖型 ABS，还是资管型 ABS，都必须以基础资产的批零交易机制为前提条件，否则基础资产交易的风险终止确认始终是融资型 ABS 的困惑之处。通过基础资产的批零交易，不仅可以分离基础资产的原始权益人与证券化产品发行人的"二合一"状态，而且可以使基础资产不仅限于一个原始权益人，为求得基础资产的违约率及其不同时空分布，奠定了风险定价的基础。

批零交易机制使得基础资产制造（零售）更加方便，因为标准融资合同连接着后期批发出售，使得零售商可以轻松地获得利差却不用承担资产风险，即无风险套利；单个基础资产违约处置也更加易行，因为长期批发购买关系，违约处置价格均包含在批发购买价格中，犹如大宗商品批发交易；零售价格或批零差价将由特殊目的资管机构给予零售商指导价格。这个价格将是市场化价格，因为市场存在众多不同形式的零售商，线上的与线下的，代理的与经纪的，客户可在公开市场中选择融资价格；批发商也不是高度垄断的，给予零售商指导价格也是竞价的，而且最终买家是特殊目的资管机构，是以降低融资成本为己任的。据此，批零交易机制可以解决"融资难、融资贵"的历史难题,当然离不开特殊目的资管机构。

基于批零交易机制,投资银行批发购买基础资产发行证券化产品,即买卖型 ABS,可获得风险利差;特殊目的资管机构则通过融入低成本资金持续地批发购买基础资产,在对基础资产进行有效管理后同样可获得风险利差。在美国按揭资产市场上,批零交易机制为交易型 ABS 和资管型 ABS 的产生奠定了法律基础。批零交易机制,完美地体现在都是上市公司的批发商"美国两房"与零售商火箭公司身上。

火箭公司作为按揭资产零售商,却是网络运营商,或者说在线上做按揭资产,在完成按揭资产"制造"后,出售给按揭资产市场上的批发商,无论是"美国两房",还是其他投资银行。火箭公司在批发出售按揭资产后获得批零利差,又无需承担资产风险与交易风险,除了道德责任,此行为可称为"无风险套利"。火箭公司在批零交易中不仅获得批零利差,而且回笼了按揭出去的资金。利用这个回笼资金,火箭公司不仅可以持续地进行按揭资产零售业务,扩大按揭市场份额,使市场占有率高达 12%,按揭总额达到 1.2 兆美元,而且可以加强资本周转率,提高资本运用效率,又因股本小而业务量大,形成巨大的批零利差,持续地提升着火箭公司的高股价。"美国两房"作为按揭资产市场上的批发商,如本章第三节所示,同样获得无风险利差。

从根本上讲,"美国两房"作为 SPC 资管或资管型 ABS,或者特殊目的资管,掌握着发达国家和地区按揭资产的全球定价权,而不同于火箭公司。火箭公司只是融资资管中的经营风险利差的零售机构,又通过交易资管获得了风险利差的一般金融机构。因此火箭公司对按揭资产不具定价权,只是根据"美国两房"的按揭资产定价权通过批零机制经营按揭资产零售业务,获得按揭资产的风险利差而已。

"美国两房"通过按揭资产批零机制,最大限度地(美国反垄断法规定范围内)汇集按揭资产于自身 SPC 名下的资产池,并对按揭资产及其数千万个资产数据进行大数据管理,并通过以数学模型为基础的交易机制,使得按揭资产的风险利差得以在股权结构与债务结构之间合理配置,形成以股权结构支持债务结构的权益增信。依据以数学模型为基础的交易机制所形成的权益增信,"美国两房"可以揭示并确定按揭资产的风险利差,在获得风险利差的同时,通过批零机制传导按揭资产市场价格给零售机构或火箭公司,从而掌握着按揭资产的定价权。

特殊目的资管,通过批零交易机制掌握资产定价权,还表现在：

(1) 零售商在零售市场上以较高价格"制造"金融资产或进行信贷时,可以断绝批零交易机制,或者让其他零售商以较低价格进行替换,使其失去相应市场而无法存在。

(2) 持有金融资产的零售商不愿出售金融资产,可让其他零售商以较低价格进行替换,使其失去金融资产。

(3) 金融资产产生违约时,不用自行处置,可以委托处置,一方面用来维护自身市场形象；另一方面违约损失已经包含在资产交易的风险定价之中,如同大宗商品批发交易,处置损失已在预定交易价格之内,或者在下批次交易中进行相应调整价格。更何况,地方政府融资平台或国有企业及个人,基于"全球两融"的产生,不再产生"逾期违约",只有"条件违约",风险定价的基建融资(FI)与个人融资(FP)据此更具人性化,更能造福于人类。

第二节 特殊目的载体

一、融资型 ABS

特殊目的载体(SPV)属于法律上的人,是一个与自然人不同的拟制人；而且与公司法人这种内部管理拟制人不同,实为外部管理拟制人；外部管理拟制人没有行为能力,与因具有"三会制度"而具有行为能力的公司法人不同,据此需要独立第三方作为外部管理人,如同幼儿需要家长作为监护(管理)人。

需要拟制人,是基于拟制人即可持有资产,又可通过拟制人权益进行投融资；需要外部管理拟制人,是因为需要给管理人附加信托责任,因为无行为能力的拟制人与外部管理人构成了不平等的资管关系；为使不平等的资管关系调整为公平关系,追求职、权、利三者相对平衡,外部管理人必须对拟制人及其权益投资人或持有人承担信托责任。民事信托(CT)因此转化为买卖(商事)信托(BT)时,信托硬核的信托责任需要外部管理拟制人到位时方可成立。

外部管理拟制人包括投资基金(Fund)、私募基金(PE)、SPV的证券化产品(ABS)、房地产投资信托(REITs)、商事信托(BT)及其信托计划或资管计划。但中国移置这些金融产品时却使外部管理拟制人缺失,取而代之为管理人合同;平等的合同关系是无法设立合同管理人的信托责任,这就是中国金融机构希望平等合同责任,但由此导致中国难以对接全球大资管或现代国际金融贸易体系。这是因为,商事信托引发的所有金融产品或证券产品,投资基金、私募基金、证券化产品及其房地产投资信托,均属于一般资管或全球大资管范围,甚至融资型ABS也运用了特殊目的载体概念,只有买卖型ABS与资管型ABS属于特殊目的资管。

但在特殊情况下,融资型ABS也可属于特殊目的资管,如阿里小贷或蚂蚁金服的网贷证券化产品。由于阿里小贷或蚂蚁金服只在中国融资型ABS条件下,在所谓"砖家"型投行、会计师、律师的指导下,即使融资型ABS仍是以所谓形式上的"真实出售"而出表的网贷资产,可以不受资本杠杆限制。尽管没有区分出融资型ABS与买卖型ABS不同,阿里小贷或蚂蚁金服的网贷证券化产品却因资产数据较大,具有市场定价意义,如1%坏账类资产,5%可疑类资产。阿里小贷或蚂蚁金服的网贷证券化产品已经初步具备了买卖型ABS的特征,并获得了资产风险定价的特殊目的,已经非常接近特殊目的资管。

据此可以说,除了利差转移的SP增信理论,到目前为止,中国称得上对全球金融具有贡献的,不是中国那些得过什么经济学奖或金融学奖的所谓金融"砖家",而是阿里小贷或蚂蚁金服的网贷证券化产品,它对"全球两融"或者个贷(网贷)资产(FP)的资管型ABS或者掌握个贷(网贷)资产(FP)的全球定价权,具有不可或缺的历史贡献。

二、买卖型 ABS

买卖型 ABS 属于特殊目的资管,与融资型 ABS 的不同之处在于:

其一,融资型 ABS 其实属于融资资管中的再融资资管业务,甚至无法进入交易资管,更与特殊目的资管无关。因此,融资型 ABS 与买卖型 ABS 不在一个层次上。

其二,融资型 ABS 的发行人是商业银行或金融机构及其具有现金流的企业,买卖型 ABS 的发行人却是投资银行,但投资银行是通过资产批零机制从商业银行或金融机构那里购买的。

其三,融资型 ABS 的基础资产直接来源于原始权益人,即商业银行或金融机构及其具有现金流的企业,也是来源于一个原始权益人。买卖型 ABS 的基础资产来源于在批零市场上的批发购买,属于投资银行所有,间接地来源于多个原始权益人。出售金融资产,商业银行与金融机构既可破局金融资产"零和游戏",又可获得资产交易收益,成为无风险套利的零售金融机构。

其四,融资型 ABS 可以作为原始权益人的表内融资,也可为表外融资。买卖型 ABS 只能将基础资产权益化与结构化,投资银行通过特殊目的载体结构化权益出售来获得风险利差。因此,买卖型 ABS 既可破局金融资产"零和游戏",又可为投资银行带来投资收益或资管收益。

其五,融资型 ABS 与买卖型 ABS 尽管都具有所谓的"外部增信",但具有不同意义。融资型 ABS 可以是独立第三方提供"外部增信",成为表外融资;也可以是非独立第三方提供"外部增信",成为表内融资,一般对优先级权益(证券)进行"外部增信"。买卖型 ABS 需要"外部增信",只可能是打包资产数据不足以对基础资产进行完全合理的风险定价,仅需"外部增信"对底层证券进行"外部增信",而且必须是独立第三方。

蚂蚁集团股份有限公司(简称蚂蚁集团)最终未上市的重大因素之一,是资本杠杆率高达百倍以上。其杠杆率过高的原因,主要是中国资本市场上只有融资型 ABS。尽管在律师、会计师的"指导帮助"下,蚂蚁小贷的

ABS交易框架完成了所谓的"出表"业务,以为不再受到资本杠杆率的困惑或限制。其实不然,蚂蚁小贷证券化仍然最终归于融资型ABS,这是基于前述与买卖型ABS的五点区别作出的判断。如果事前咨询,蚂蚁集团可以通过以下几种方法获得买卖型ABS：

(1) 由蚂蚁集团与中国券商及其资管机构进行资产买卖,资产风险完全转移。基于蚂蚁小贷ABS已经取得风险定价(坏账类1%,可疑类5%),券商及其资管机构完全可以先批发购买蚂蚁集团的网贷资产,然后再打包发行买卖型ABS。

(2) 蚂蚁集团可以通过跨境资产交易,由香港设立的投行机构或资管机构跨境批发购买,然后打包发行买卖型ABS,或者形成资管型ABS。

(3) 可以通过中国内地的ABS产品打包至中国香港,再装入欧美的ABS产品,用双层ABS达到去杠杆效果。

买卖型ABS多为美国投资银行发行的按揭贷款证券化。首先,由投资银行向按揭零售市场上的各个不同的按揭机构,包括商业银行或按揭机构或个贷机构,批发购买按揭资产。其次,投资银行运用特殊目的载体持有按揭资产,并根据风险利差对特殊目的载体进行分层分级,构成不同层级、不同份额、不同定价的证券产品,包括底层证券、夹层证券与优先级证券。再次,不同层级证券之间构成了一定程度上的权益增信,但与融资型ABS中似是而非的所谓"内部增信"完全不同。

因资产数据有限,不足以完全独立地对基础资产进行风险定价,投资银行需要引入"外部增信",却只须对底层证券进行增信,即足够间接地为夹层证券与优先级证券进行权益增信。最终,投资银行把经增信的不同证券出售给资本市场,并获得购买基础资产与出售证券产品之间的风险利差。由此看来,买卖型ABS为资管型ABS的风险定价打下了坚实基础。

买卖型ABS与资管型ABS同属特殊目的资管,却在基础资产的风险定价上稍逊一筹,尽管买卖型ABS不如资管型ABS,但却可与资管型ABS一起完全掌握基础资产的定价权。也就是说,无论是买卖型ABS,还是资管型ABS,都对基础资产零售机构的零售价格产生决定性影响,比如按揭贷款的零售机构，应该按照作为批发商的特殊目的资管机构所确定的市场指导价执行。否则，一方面可能无法在按揭零售市场上站得住脚而稳定经营；另一方面即使完成按揭资产零售制造也无法批发出售，导致没有回笼资金可持续开展按揭资产零售业务。资管型ABS目前只有"美国两房"这一全球孤版，除非以风险利差为基础资产的资管型ABS产生，才可复制并取代"美国两房"。随着负利率时代来临，以风险利差为基础资产的资管型ABS或者增信机构将应运而生。

第三节　特殊目的公司

一、资管型ABS

特殊目的公司（SPC）也就是特殊目的资管机构，可用于资管型ABS。因全球金融学界与金融业界对于特殊目的公司了解甚少，日本又以机械方式理解商事信托，日本法律就把特殊目的公司作为房地产持有人取代房地产信托投资，大陆法系更不愿认可特殊目的载体、房地产信托投资这类外部管理拟制人。其实，特殊目的公司作为基础资产持有人上市所形成的证券化，就是资管型ABS；特殊目的载体作为基础资产持有人而发行的证券化产品，就是交易型ABS。据此，特殊目的公司与一般金融机构的区别在于：

（1）特殊目的公司，作为资管型ABS是资管机构，而非一般金融机构，因此不受限于金融机构的资本杠杆率。比如"美国两房"股小资大，方可得以在合理的股债结构中产生权益增信，无论是"两房股"，还是"两房债"，都是发达资本市场上主流资金的投资热点。如果"美国两房"的资产池中的基础资产受限于"美国两房"资本金，就无法形成合理的股债结构，也根本无法形成权益增信。那么，无论是"两房股"，还是"两房债"，甚至"美国两房"均无法存在与发展。

（2）在批零交易机制中，一般金融机构是处于零售商地位，特殊目的公司作为资管型ABS，却是批发商。基于资产批零交易机制，作为零售商地位的一般金融机构或商业银行,则成为无风险套利的零售金融机构。

(3) 作为资管型 ABS 或特殊目的资管机构,并作为政府支持企业(GSE),"美国两房"获得低成本资金的融资渠道是发行债券融资(两房债),以及美联储/中央银行给予基准利率贷款。因此,资管型 ABS 或特殊目的资管机构,如果无法获得低成本资金的融资渠道,则无法获得融资与购买基础资产之间的风险利差,也就无法形成在合理的股债结构中所产生的权益增信,也无法从根本上真正形成特殊目的资管机构。

(4) 因拥有基础资产批发商地位,且不受限于资本杠杆,并取得低成本资金,特殊目的公司作为资管型 ABS,还应被赋予具有降低融资成本的特殊目的,不仅仅只是经营并获得风险利差,即无风险套利。而一般金融机构作为基础资产零售商,只是经营并获得风险利差,即零售的无风险套利,无需具有特殊目的。

全球金融业界运用特殊目的公司最成功的,也是唯一成功的,就是"美国两房"。"美国两房"因独特地位可融入低成本资金,其他特殊目的公司却无缘于低成本资金,"美国两房"至今为止仍然只能独步于天下。特殊目的公司只有找到低成本资金来源或融资方法,才能复制并取代"美国两房"。

二、"美国两房"

作为特殊目的公司,"美国两房"作为资产管理人,在全球发达国家和地区的按揭资产批零市场上批发购买按揭资产,并移置于"美国两房"这个特殊目的公司名下的资产池,以大数据技术求得按揭资产的违约率及其风险定价。与此同时,作为政府支持企业,"美国两房"依赖于美国国家主权信用,每天可从美联储获得近 200 亿美元的基准利率贷款,而"两房债"利率只比美国国债收益率高 15~25 bp。"美国两房"据此可以获得按揭资产的风险利差,这是经营目标,却因股本小而资产大,获得的巨额风险利差可以提升"美国两房"的股价,给予投资者稳定的投资回报。由此可见,"美国两房"是不受限于资本杠杆率的,属于按揭资产管理公司。因大数据技术掌握着全球按揭资产的违约率及其风险定价,却作为实现降低按揭资产融资成本这一特殊目的的价值基础,"美国两房"据此可归入特殊目的资管或国际另类资管,区别于一般资管或交易资管。

但是,"美国两房"并不是完全垄断市场的。基于美国反垄断法,"美国两房"只占据按揭市场的60%,近6兆美元。其余40%的市场份额由美国近千家投资银行分享,市场竞争相当激烈,因垄断市场而垄断价格是不可能的。因为"美国两房"以外的按揭市场上的批发商,近千家投资银行还未填饱肚子呢,何况"美国两房"作为特殊目的资管机构,也不可能因垄断而操纵按揭资产价格,或者提高按揭成本。2008年美国次贷危机,其实是按揭市场白热化竞争的结果,是在信用违约互换(CDS)的催化下爆发的。

三、复制并取代"美国两房"

1. 基础资产

复制并取代"美国两房",就是以不同于按揭贷款的基础资产置于特殊目的公司名下的资产池,让其产生与"美国两房"一样的资管效应:以大数据技术求得基础资产的违约率及其风险定价,作为实现降低基础资产融资成本这一特殊目的的价值基础。又因股本小而资产大,获得的价格利差可以提升特殊目的公司股价,给予投资者稳定的投资回报,特殊目的公司也是不受限于资本杠杆率的,并以降低风险利差为特殊目的的另类资管机构。

复制并取代"美国两房"的一个因素是,找到与按揭贷款相类似的基础资产。这个基础资产就是基建融资(FI)与个人融资(FP),它们是最具持续增长性,是如同按揭贷款可造福于人类的基础资产。不仅如此,基建融资与个人融资,与按揭资产一样,也是尚无信用等级的非标资产。如将基建融资(FI)与个人融资(FP)置于特殊目的公司名下,即可形成复制并取代"美国两房"的"全球两融"(2Fs Global)。

2. 低成本融资渠道

复制并取代"美国两房"的最重要因素是,"全球两融"要获得低成本融资渠道。基于负利率时代的突然降临,加之负利率时代的债券形式从年度收益率债券向零息债券发生变化,使得"全球两融"横空出世。但可惜的是,

"全球两融"却并未被目前全球金融业界所认识,因为"信用交易"蒙蔽了他们的双眼。负利率时代,意味着回归纯粹的信用货币时代,应该是也必然是遵循"无成本货币/资本"(No Cost Capital)的原则。无成本的货币/资本利率批发业务得以终止,所谓的基准利率或无风险利率(RFRI)则归于零,以美联储/中央银行为主导的传统机构定价将让位于完全市场定价。当然,基于货币/资本的风险运用及其风险定价,也就不再转化为具有时间成本的风险利率(RRI)。

由于无风险利率归零或回归于货币/资本,风险利率回归于风险利差,那么,年度收益率(ARR)债券将转化为零息债券(ZCB),即:年度收益率债券(ARR) = 无风险利率(RFRI) + 风险利率(RRI)转化为零息债券的券票面价(Par Value,PV) = 发行价(Issued Price,IP) + 风险利差(Spread)。零息债券期限一般为10年以上,风险利差在10年以上期限条件下,计算出来的年度利率非常低,可以大大降低融资成本。因此,零息债券必然在负利率时代得以历史性回归,但不再以"复利债券"的贪婪恶名出现,而是完全造福于全人类。

基于零息债券,"全球两融"所需的募集低成本资金的有效融资渠道得以确定。因为10年期以上的零息债券,风险利差转换成的年度利率是非常低的。比如,10年期零息债券票面价为100元,发行价为90元,风险利差为10元。那么,10元的风险利差除以10年,年度利率(含复利)仅为1%左右,10元的风险利差所基于的违约率却高达11.11%(10÷90)以上。

3. 替代国家担保

但是,过去零息债券却以"高利贷"的复利债券形式发行,一般以国家主权信用(NSC)担保。"全球两融"发行复利债券,却不可能运用国家主权信用进行担保。因此,只有发现取代国家主权信用担保的增信工具,才算得上真正解决了"全球两融"募集低成本资金的有效融资渠道。众所周知,增信与担保的区别在于,增信的价值基础来源于债券价值本身,精确地说,来源于债券的价值构成。解构债券价值或风险价值并进行转移,可产生债券增信效果,即债券因风险价值转移而成为无风险利率产品,在负利率时代则可成为零利率货币/资本,甚至负利率产品。债券价值及其增信,犹如质量守恒。担保的价值基础却来源于第三方或担保物,与债券价值及其构成根本无关。因此,增信在半个世纪以前就已经取代了国家担保,无论是3A的金融担保(FG),还是信用违约互换(CDS)。如果风险利率债券持有人再买入CDS,风险利率债券则转化为无风险利率产品,在会计上可处理为"核心资产"。

复利债券的券票面价(Par Value,PV) = 发行价(Issued Price,IP) + 风险利差(Spread)。利差转移(SP),将产生复利债券(PV)即为资金或现金(IP)的增信效果。在负利率时代,利差转移的SP增信将取代信用买卖的CT增信,无论是金融担保,还是信用违约互换。SP增信的重要意义在于,与CT增信不同,风险利差在转移后可独立为风险资产,如同为风险资产的保险资产;作为风险资产则可以汇集;基于汇集的风险利差,可以设计出100%风险覆盖率的数学模型,可抵御随机违约率;特殊目的公司通过批零交易机制把风险利差(风险资产或增信资产)作为基础资产,以权益增信为支撑,可形成有限责任增信或终极增信;特殊目的公司据此成为具有特殊目的的另类资管机构,可称为风险利差价值管理机构(Spread VM Co.,SVMC),也可简称为增信机构(CE Co.,CEC)。

在负利率时代,基于对风险资产进行价值管理产生的特殊目的公司,可通过风险利差批零交易机制,对"全球两融"发行的零息债券进行利差转移的SP增信,可产生零息债券转化为现金的增信效果;增信公司将对"全球两融"零息债券承担违约赔偿责任,一旦发生即在约定时间里(不超过2周)对零息债券持有人进行赔偿;即使某月、某季、某年到期零息债券全部违约,只要是增信公司提供的SP增信,增信公司完全按约即时赔偿,用以维护零息债券市场信心。在这种零息债券增信市场产生后,"全球两融"将可持续复制"美国两房",最终取代"美国两房"。因为"美国两房"所基于的低成本资金可能已经消失,即美联储的基准利率被负利率所取代,年度收益率的美国国债被负利率债券,或者零息债券所取代。

四、"全球两融"与增信机构

"全球两融"在特殊目的资管机构或增信机构支持下,可复制并取代"美国两房"。如果说,"美国两房"是美国主权信用支持下的偶然产物,那么,"全球两融"则是利差增信在负利率时代的必然产物。"全球两融"据此可以大量复制,只要找到可持续增长的基础资产。从根本上讲,"全球两融"与"美国两房"是同等层次的特殊目的的另类资管机构,只是低成本资金来源不同,并且利差转移增信也取代了国家主权信用担保。但是,增信机构却与"全球两融"有所不同,不同之处有如下几点:

(1)增信机构的基础资产是风险利差及其转移所形成的风险资产或增信资产,"全球两融"或"美国两房"的基础资产却是贷款资产或融资资产。

(2)风险资产或增信资产,不仅需要资产管理,而且需要价值管理,价值管理难度远高于或大于资产管理。

(3)增信机构不仅通过批零交易机制为"全球两融"复利债券提供利差转移增信,而且是终极增信,可为"全球两融"解决低成本融资渠道的根本问题。"全球两融"及其零息债券,只是增信机构的增信对象,或者为增信机构提供基础资产及资管对象。

增信机构不仅可以为"全球两融"零息债券提供增信,也可为任何债券及其固收产品(FIS)进行增信,这意味着增信机构可为"全球两融"对基础资产的全球定价权提供支持。可见,"全球两融"对全球可持续增长的基建融资(FI)与个人融资(FP)具有全球定价权。

第四节 对冲基金

一、游离于全球大资管之外

基于游离在"全球大资管"体制边缘,骑行于"金融监管"之墙,对冲基金被称为国际另类资管。国际另类资管与全球大资管的根本区别在于,经营并获得风险利差或投资收益的目的与手段不同。全球大资管都在国际金融分类监管范围之内,或者在全球大资管体制之内。国际另类资管较之于投资资管,更为复杂化或技术化,属于更高级的资管阶段,即为了在资产交易(投资)中获得资产定价权的特殊目的资管,这就相当于交易资管高于融资资管,最终是特殊目的资管高于一般资管。只有当全球金融学界或金融业界认知水平大幅提高,"有钱人"/资本持有人运用国际另类资管非常有效之后,国际另类资管才可能被纳入国际金融分类监管范围,才可能真正进入全球大资管体制之内。

值得欣慰的是,就目前而言,国际另类资管或对冲基金的投资者,均为"有钱人";据有关资料披露,中国"有钱人"投资于国际另类资管或对冲基金的资金高达17兆元人民币,远高于国内公募基金8兆元人民币规模,国际另类资管或对冲基金的规模还在不断增长过程中。更令人惊叹的是,有些著名学府也在财经学院或金融学院或金融管理学院中开设了对冲基金的专业课程,国际另类资管或对冲基金将越来越引起全球金融界的关注,有些发达国家已经开始着手将其纳入金融分类监管。

与金融资管相比,或者与全球大资管相比,国际另类资管或对冲基金正在成为国际资本追逐的主流,对投资资管大有取而代之之势。国际另类资管或对冲基金实际上掌握着更高级的金融资产的全球定价权,因此属于特殊目的资管。作为特殊目的资管,国际另类资管或对冲基金正在成为世界各国金融博弈的主战场,也是维护各个国家金融主权的关键领域。

二、特殊目的与金融科技

为了在各种金融资产的动态交易中进行无风险套利,针对投资资管产品及其金融衍生产品,以及各种相关联的不同金融产品与证券资产,通过精确计算或科学算法设计出各种不同类型的数学模型,运用高杠杆进行空买空卖或风险对冲的操作技巧,从而掌握着各种金融资产的全球定价权,这种特殊目的资管,就是对冲基金。

世界上第一个有限合作制的琼斯对冲基金诞生于1949年,因此可以说,规避投资风险并进行风险套利的对冲基金起源于美国。在全球资本市场上,部分投资基金利用金融衍生工具采取多种以盈利为目的投资策略,我们一般称其为对冲基金。实际上,对冲基金不仅仅是风险对冲,而是基于最新的投资理论和极其复杂的风险定价与风险套利的操作技巧,充分利用杠杆效用,追求并获得风险利差的投资模式。对冲基金进行动态交易的资产风险或风险利差的价值管理,通过超大杠杆可获得超额利润,由此取得了金融资产在全球交易市场上的资产定价权。

根据相关理论,对冲基金的特点有投资效应的高杠杆性、投资活动的复杂性、筹资方式的私募性、操作的隐蔽性和灵活性等。对冲基金因交易类型可分为股指期货对冲、商品期货对冲、统计对冲和期权对冲等。从整体来看,对冲基金可分为宏观的策略基金和微观的量子基金。策略基金主要表现在各种金融资产之间,或者跨越各个金融产品或金融行业,运用相关数学模型去寻求各个金融产品在价格失衡中的风险定价,或者通过加大价格失衡去寻求风险定价,通过高杠杆去获得巨大投资收益或风险利差;量子基金主要针对某一种金融资产,在动态交易中寻求价格失衡的风险定价,或者通过加大价格失衡去寻求风险定价,并且通过高杠杆去获得巨大投资收益或风险利差。

基于对冲基金在操作上要求高度的隐蔽性和灵活性,对冲基金多为私募性质,从而可以规避法律对公募基金信息披露的严格要求。由于高风险性和复杂投资机理,一些发达国家都倾向于禁止其对民众的公开招募资金,以保护普通民众免于受到重大损失。在美国,对冲基金的合伙人一般控制在100人以下,而每个合伙人的出资额在100万美元以上。为了避开美国高税收和金融监管,对冲基金一般在百慕大或巴哈马等一些税收低、管制松散的地区进行离岸注册,并仅限于向美国境外的投资者募集资金。

对冲基金在全球资本市场上迅猛增长。据有关资料统计,美国对冲基金公司规模于2011年1月已高达1.3万亿美元,五大对冲基金公司的资产规模分别为:Bridgewater Associates 的资产规模达589亿美元,Man Group 的资产规模达392亿美元,Paulson & Co.的资产规模达351亿美元,

Brevan Howard 的资产规模达 310 亿美元，Och-Ziff 的资产规模达 294 亿美元。2015 年 5 月 16 日，中国证券投资基金业协会副会长洪磊表示，中国对冲基金资产规模于 2015 年 4 月底之前，已经达到 8 731.5 亿元人民币。

三、各种风险对冲

1. 统计对冲

有别于无风险对冲，统计对冲是指利用证券价格的历史统计规律进行套利的一种风险套利。其风险在于这种历史统计规律在未来一段时间内是否继续存在。统计对冲的主要思路是先找出相关性最好的若干对投资品种（股票或期货），再找出每一对投资品种的长期均衡关系（协整关系），当某一对品种的价差（协整方程的残差）偏离到一定程度时开始建仓——买进被相对低估的品种、卖空被相对高估的品种，等到价差回归均衡时获利了结即可。统计对冲的主要内容包括股票配对交易、股指对冲、融券对冲和外汇对冲交易。

2. 期权对冲

期权（Option）又称选择权，是指在期货的基础上产生的一种衍生性金融工具。其实质上是在金融领域将权利和义务分开进行定价，使得权利的受让人在规定时间内对于是否进行交易行使其权利，而义务方必须履行。在期权交易时，购买期权的一方称为买方，而出售期权的一方则称为卖方；买方即权利的受让人，而卖方则是必须履行买方行使权利的义务人。期权的优点在于收益无限的同时风险损失有限，对冲基金在很多时候利用期权来取代期货进行做空、对冲利交易，会比单纯利用期货套利具有更小的风险和更高的收益率。

3. 宏观对冲

宏观对冲即全球宏观策略。全球宏观策略的经典定义是为了从宏观经济趋势中获利，对任何资产类别（股票、债券、货币、商品等）、任何投资工具（现金、衍生品等），以及世界上任何资本市场，进行做多与做空的杠杆交易。全球宏观策略拥有以下四个特点。

1）投资范围非常广阔

全球宏观策略可能是对冲基金中投资范围最广的一类基金，几乎在所有的主要市场中（如股票、债券、货币、商品市场等）都会出现该类对冲基金的身影，且其会在全世界范围内扫描投资机会。

这会使对冲基金有机会在任何时间内都能寻找获利机会，因为当一个金融市场缺乏机会或流动性时，全球宏观策略对冲基金不需要坚守在这个市场，它完全可以到另外的市场中寻觅机会。例如，著名的宏观对冲基金大佬索罗斯等人，既可以在1992年选择英镑作为狙击对象，也可以在1997年通过做空泰铢获利。

2）自上而下的宏观研究

全球宏观策略中的"宏观"一词就代表该类对冲基金投资获利的依据主要来自宏观分析，其试图利用宏观经济的基本原理来识别各类金融资产价格的未来趋势或错误定价。同时，由于全球宏观策略涉及市场众多，且投资策略灵活多变，难以通过量化模型进行程序化交易，因此全球宏观策略通常以主观的决策判断为主。

3）多为方向性投资

全球宏观策略通常不是市场中性的，其会利用做多/做空对资产价格变动方向进行下注，例如做多美国股市或做空日本债券，因此，对全球宏观策略来说，择时意味着一切，这对基金经理在全球宏观经济的理解上提出了更高的要求。

4）杠杆的使用

全球宏观策略在对某一个投资方向下注时，通常会利用杠杆，因此其收益和风险都被放大了。方向性投资与杠杆的使用使全球宏观策略天生就具有较大的波动性，一旦判断正确，投资者可获得巨额利润；反之，亏损同样巨大。

第四章
中国独创增信理论

特殊目的资管与全球定价权
—— 上海何以建成全球资管中心

第一节　增信概念及其实践

一、信用交易增信

在增信（Credit Enhancement，CE）产生之前，存在着法律上的无限责任民事担保或信用担保（CG），以及信用证（L/C）和按揭（Mortgage）等有限责任商事担保（BG）。从20世纪70年代初的金融担保（FG）开始，古老担保形式跨入了现代增信门槛。属于现代增信的金融担保，尽管仍以古老交易形式担保名义出现，但终于找到了担保的定价方式，不再是没有定价的民事担保。基于利差对债券进行风险定价，金融担保开始对债券增信的信用交易（Credit Trade，CT）进行定价，迈出了现代增信的第一步，形成了CT增信。CT增信朝着有限责任担保方向转化，这对于以抵押物价值为担保对价的有限责任商事担保来说是一种质的飞跃与升华。

即便如此，CT增信并未停下脚步，一路狂奔，从资产增信（CE on

Asset，CEA）的金融担保，冲入了产品增信（CE on Product，CEP）的信用违约互换（CDS）。金融担保被视为信用定价（Spread）所基于的违约率及其所反映的信用等级，与保险定价所基于的出险率是相同的，只要经过精算即可覆盖违约风险，于是大量保险机构也加入了金融担保这一现代增信行业，并抛弃担保会计处理方式而运用保险会计处理方式，以为可以如同保险行业一样，据此获得可观的增信收益。由此可见，当初的增信思维确实误导了保险机构，当保险机构面临违约理赔这一实质性问题时，许多专家却以保险机构难以适应"即时理赔"为由来证明保险机构进入增信行业或金融担保的不明智之处。但是，CT增信在20世纪末败下阵来的真正原因，是对信用交易进行利差定价所形成的风险资产及其资产管理，并不像同为风险资产的保险资产管理，即使大型保险机构也无法应对金融担保所带来的资产风险。

其实，尽管违约率及其所反映的信用等级与出险率都是基于相应概率，基于概率的风险定价均为风险资产，无论是保险资产，还是增信资产。但是，出险率与违约率的不同之处在于：前者可在实验室及通过理论推导获得；后者必须在现实大数据中方可获得。因此，以出险率为基础的风险定价所形成的保险资产管理，与以违约率为基础的风险定价所形成的增信资产管理，应该是截然不同的，增信资产管理不可照搬保险资产管理；否则，照搬保险资产管理模式的金融担保在资产管理中运用所谓的"错期增信"（Well-Done Arrangement CE），必然无法抵御随机违约率（RDP），金融担保最终被信用违约互换所取代。

二、信用交易增信僵局

信用违约互换（CDS），看似产品增信优于机构增信，却是以规避风险的消极增信（CE on Negative）取代了化解风险的积极增信（CE on Active），以部分理赔价值（事发价）互换或替代全部价值理赔（预设价），开始逐渐远离增信概念，甚至完全脱离增信对象进行"赌博型"交易，形成了所谓的"衍生产品"概念。信用(保护)买卖形成了信用违约互换的内在本质缺陷,即交易对手风险。为此,关于信用违约互换的产品定价模型由"一跳"到"双跳",再到"多跳",非常复杂难懂。即便如此,信用违约互换也无法避免交易对手风险可能带来的系统性风险,2008年因雷曼兄弟公司破产这一交易对手风险拉爆了美国金融危机就是证明。

2009年,G20财长会议根据交易对手风险所带来的系统性风险,以及对美国金融危机起到的导火线作用,决定对信用违约互换进行改革或调整,将交易对手之间的CDS合同与CDS清算所(中心)的合同进行互换,以免交易对手风险。最终国际掉期与衍生工具协会(ISDA)于2009年出台了"改革版CDS",2010年中债增信的信用风险缓释凭证(CRMW)则是中国版的"改革版CDS",但2019年特朗普以美国总统令废止了"改革版CDS"。

三、证券化实践

无论是金融担保,还是信用违约互换,在学术上都只是停留在所谓的"增信工具"概念上,并无相关理论进行论述或论证,好像具有一定神秘色彩,这也许是美国金融利益集团的利益导向。增信运用或理论研究最多的,却在资产证券化(ABS)中所谓的"外部增信"与"内部增信"这两个概念上。

证券化产品(ABS)均需"外部增信",无论是融资型ABS,还是交易型ABS。外部增信的所谓"增信工具",其实就是金融担保或信用违约互换。在融资型ABS中,金融担保或信用违约互换需要为证券化产品中的优先级证券进行外部增信;在买卖型ABS中,金融担保或信用违约互换通过增信次级/底层证券为所有层级的证券进行增信。外部增信更多地关注独立第三方增信,以期符合资产出表等会计处理需要。至于外部增信是由证券化产品发行人(资产池)支付增信费用,还是由证券化产品投资人或持有人支付增信费用,并未有详解。从实践上来看,增信费用基本上是由证券化产品发行人(资产池)支付。所谓"内部增信",以优先级证券增信夹层证券,优先级证券与夹层证券增信次级/底层证券,增信理由是收益多少或价格差异与收益分配次序。

无论如何,全球金融业界与金融学界都对权益增信(CEE)熟视无睹,无论是在"美国两房"(2Fs America)里,还是在上市公司中,均存在股权(股票)权益结构增信(支持)债务结构这一客观事实,即权益增信;在证券化产品中,则以所谓的"内部增信"混淆了权益增信这一客观事实,令人难以想象。

四、增信的债券市场

债券经信用违约互换的增信,在形式上是风险债券转化为无风险利率产品,在会计上处理为核心资产。其实,信用违约互换所增信的债券,存在各种矛盾与疑问。首先,风险利差定价的信用交易并未使风险利率调整为无风险利率,如何称得上无风险利率产品,怎么可以在会计上处理为核心资产。其次,增信(赔付)责任也不足债券面值,只是违约事件发生时的债券价格。从这个理赔价格来看,增信的债券并未成为无风险利率产品,何来增信功能。可见,信用违约互换也许只有部分增信功能,大多数时候被称为"信用衍生产品",而非真正的增信产品。只有在证券化产品中作为"外部增信"所涉及的增信工具时,信用违约互换才作为增信产品面目出现。

正因为如此,风险利率债券经信用违约互换的增信,在发行交易初期可视为无风险利率产品,一旦发生相应违约事件,风险利率债券就无法成为无风险利率产品。因此,认为信用违约互换可使风险利率债券成为核心资本,或者转化为无风险利率产品,在逻辑上是讲不通的。可见,经信用违约互换增信的债券市场,并未转化为无风险利率产品市场,这是故意误导市场,误导会计处理。

第二节　增信理论中国创立

如前所述,增信在美国产生概念,也有相当的实践。但是,基于维护美国主权信用或"美元霸权",或者维护三大国际评级机构的既得利益,美国只是承认信用买卖交易及其利差定价的 CT 增信,只是一种消极增信,导致所谓衍生产品大行其道,最终将导致增信退出历史舞台。至此,增信只是停留在概念阶段,从未真正走进理论思想体系。然而中国需要增信理论支持债券市场的发展,否则中国债券市场难以跟上全球资本市场的迅猛发展,更难以在"美元霸权"支持的国际资本市场上得以健康发展。因此,增信理论由中国创立也就不足为奇了。

一、形式上信用交易,实际上利差转移

增信与担保差异有二:交易方式与定价方式。根本差异是定价方式,因为金融担保(FG)也是信用担保形式的增信,并非信用买卖形式的增信。实践证明:其一,所谓利差,对信用定价也是徒有其名,金融担保与信用违约互换所定价的信用并不相同,信用定价只是形式需要。其二,信用其实不可交易流转,否则会产生交易对手风险。其三,对信用交易进行利差定价,即所谓信用定价,其实也可称为风险交易的风险定价。基于违约率或其所反映的信用等级的风险定价,或者风险利差作为风险资产转移,无论是从债券等固收产品中转移出来,还是移置于特殊目的资管机构名下在不同权益之间进行有效分配,才是增信的本质。

从债券等固收产品中转移出来的风险利差,可称为风险资产或增信资产。这个转移的过程可称为增信零售业务,相当于从事制造金融资产并批发出售的金融零售业务。金融机构业务既可以包括机构增信的金融担保,也可以包括产品增信的信用违约互换。移置于特殊目的资管机构名下在不同权益之间进行有效分配,称为权益增信或增信资管业务。它既可以包括贷款资产的资管型 ABS,比如"美国两房"及其未来取而代之的"全球两融",也可以包括风险利差或风险资产的资管型 ABS,如风险资产价值管理机构(Spread VM Co.),或者特殊目的增信机构(SPC)。从事权益增信或增信资管业务的,均属特殊目的资管,掌握着对其资管对象的全球资产定价权。

二、"改革版 CDS"

作为衍生产品,信用违约互换(CDS)因信用(保护)买卖所产生的交易对手风险,通过雷曼兄弟公司倒闭拉爆了 2008 年美国金融危机。为此,CDS 的数学模型从"一跳"到"双跳"再到"多跳"变化,吸引着众多数学家"企图"对其作出精准定价,徒劳无益地将 CDS 定价模型引入不可思议的"黑洞"。2009 年 G20 财长会议达成一致,并由国际掉期与衍生品协会(ISDA)出台了"改革版 CDS",决定消除 CDS 这一引发金融机构系统风险的交易对手风险,中国则在复制"改革版 CDS"基础上推出了信用风险缓释凭证(CRMW)。

"改革版 CDS"就是交易对手之间所签订的信用(保护)买卖协议或 CDS 协议,应与 CDS 清算中心(所)互换合约,用来规避交易对手风险。这个合约互换行为却让人清晰地看到,本来作为交易对象的信用(保护)消失了,作为交易定价的风险利差却在交易流转,由 CDS 卖方通过 CDS 清算中心(所)流转到 CDS 买方,即"改革版 CDS"的交易对象已不再是信用(保护),而是回归于风险利差。

三、SP 增信理论

利差转移(SP)的增信理论,不仅基于利差转移,可定价于破局"零和游戏"的所谓"信用资产"交易或交易资管,而且基于利差转移伴随着所谓信用交易定价而作为交易费用转移的客观事实,更是基于显而易见的风险利差在"改革版 CDS"的合约互换中得以交易流转,彻底明确地取代了所谓的信用买卖。因此,对(违约)概率的风险定价所形成的风险资产,无论是为货币/资本运用所进行的风险定价,还是与资本分离独立为风险资产,更是基于清晰无比的负利率时代零息债券(ZCB)的理性回归及其所确定的风险利差转移(SP),都可以直接作为风险利率产品的零息债券转化为货币/资本,或者无风险利率产品(RFRI)的增信效果。风险利差转移的 SP 增信理论,将毫不犹豫地迈入负利率时代,取代消极增信的所谓"衍生产品",支持"全球两融"复制并取代"美国两房"。进一步来看,"全球两融"及其特殊目的资管机构将据此获得对相关金融资产的全球定价权。

综上,增信可分为信用交易的 CT 增信与风险利差转移的 SP 增信。在 CT 增信中,对信用等级进行信用定价的信用利差,是以信用交易费用或增信费用名义转移的;在 SP 增信中,对违约率及其信用等级进行风险定价的风险利差,是作为风险资产进行转移的。这是因为:风险利差(Spread)转移,可使风险利率(RRI)债券向无风险利率(RFRI)转化,即:

$$ARR(债券) = RFRI + RRI$$

$$Spread = RRI - RFRI$$

$$RFRI = RRI - Spread$$

因此,Spread 转移(SP)或消失,导致风险利率(RRI)可调整为无风险利率(RFRI),由此产生增信功能。增信,其实只是转移债券中的风险利差,无论是以定价形式存在,还是以风险资产形式存在,都由此构成了 SP 增信的物质基础。

四、风险定价与风险资产

对于概率的风险定价,或者定价基于概率的风险,形成风险资产,既包括保险资产,也包括博弈资产,更应包括增信资产。对生命或物质的出险率或保险概率所进行的保险(风险)定价,即为保险资产;对赔率或数字概率所进行的博弈(风险)定价,即为博弈资产;对于违约概率或违约率所进行的增信(风险)定价,即为增信资产。尽管三者均为风险资产,却由于三者资管方式各不相同,形成了迥然不同的风险资产。

增信资产,基于违约率的随机性质,在大数据理论及其运用技术诞生之前,只是依赖于违约数据的历史积累,并反映在违约主体的年度统计上,形成了所谓的"信用等级",因此对信用等级的信用定价取代了对违约率的风险定价。但是,随着大数据理论及其应用技术成熟,以特殊目的机构作为资产池,可以直接对风险资产的违约率进行统计分析,并可获得基于违约率的风险定价,及其风险利差转移所形成的风险资产。

基于违约率的风险定价不再绕道信用等级而可对违约率进行直接定价,即对资本的风险运用所产生的违约率进行风险定价,即可与货币/资本及其成本"无风险利率"(RFRI)构成固收资产/金融资产/融资资产。风险定价与货币/资本直接结合,构成了零息债券或复利债券(ZCB)。原来风险定价因"货币/资本成本论"所转化的风险利率(RRI),与同样基于"货币/资本成本论"由货币/资本转化的无风险利率(RFRI)的间接结合,构成了年度收益率(ARR)债券。

五、零息债券

伴随着负利率时代的来临,零息债券(ZCB)将摆脱"高利贷"的贪婪面具,或者以零息债券名义进行理性的历史性回归。如上所述,在"资金无成本"(No Cost Capital)条件下,年度收益率债券将直接转化为零息债券/复利债券。即使在零息债券中存在很低的基础利率(BI),风险定价只要满足增信需求及其减少融资成本需求,风险利差将再也不用以风险利率(RRI)面目出现,仍可与基础利率进行组合并以零息债券名义面世,年度收益率债券将被彻底扫进历史垃圾桶里。

基于零息债券期限,风险利差既可降低发行人融资成本,又可因无息支出适合于基建融资或"三农"融资,或者"全球两融"。风险利差相对于资本(发行价 IP)风险运用所反映的较高违约率远超信用等级定价,由此可超越标准资产而转向非标资产增信,特别适合于非标资产的特殊目的资管机构所发行的零息债券增信,可以预见,"全球两融"零息债券的增信将是典范。利差转移直接将零息债券增信为货币或资本,或者无风险利率产品,由此形成的 SP 增信即可取代国家(主权信用)担保,国家担保将彻底退出国际资本市场、利率市场或债券市场,如同民事担保一样,早在半个世纪之前已经成为墙上历史。

第三节 增信与信托:珠联璧合

人类经历了无限责任的民事担保,成就了有限责任的商事担保,进化出了追求有限责任增信的金融担保与信用违约互换,希望通过对信用交易(CT)进行信用定价(Spread)以达到有限责任增信,形成了 CT 增信;却因 CT 增信的天生缺陷,当 2009 年负利率时代来临之时,风险利差转移将取代国家主权信用(NSC)担保为零息债券增信,零息债券必然理性地回归。2009 年出台的"改革版 CDS"尽显风险利差转移/流转,SP 增信则呼之欲出,必然登上历史大舞台,在全球债市上扮演不可或缺的"金融主角"。SP 增信,可称为风险资产转移且由他人价值管理,与商事信托(BT)在概念上极其相似:资产转移且由他人管理。

一、相关关系

1. 均为古老交易形式向现代买卖形式转化

SP 增信来自民事担保(CG)及其衍生的信用交易(CDS/FG)的 CT 增信,无论是民事担保(CG)还是金融担保(FG),其实都出自古老的交易形式——信用担保。CDS 虽然采取了现代买卖形式,却沿用了古老而无价的"信用",堕入信用买卖这一"增信陷阱"而无法自拔。"改革版 CDS"已经明确无误地表现了 SP 增信,却仍维持着 CT 增信,只为维护古老的"美国国家主权信用"。从根本上说,维持 CT 增信的"改革版 CDS",其实就是为了维护美国主权信用所支持的"美元霸权"及其三大国际评级机构所掌控的全球资产定价权。

1) 民事信托转化为买卖(商事)信托

在民事信托中,受托人是持有人与管理人合一,并对委托人/受益人承担信托责任。现代 CT 形式主要包括私人银行业务与家族信托业务。在商事信托中,管理人与持有人分离,管理人对持有人及其权益人承担信托责任。持有人为外部管理拟制人,因无行为能力而需要外部管理,如同自然人中的监护关系。因此,即使从民事信托转化为商事信托,管理人仍然对持有人及其权益人承担信托责任。关键在于将持有人设置为外部管理拟制人,但中国的实践却只是合同持有,因此管理人缺失信托责任。在商事信托中,持有人与管理人分离,外部管理拟制人包括上市公司、投资基金、有限合伙、商事信托、房地产信托投资和特殊目的载体或特殊目的公司等。

2) 民事担保转化为信用买卖

民事担保属于或有负债而产生无限责任,增信应该是增信资产或金融产品交易,属于有限责任与精准定价,尽管是有条件的、历史展现的。信用买卖最终会转化为风险利差或风险资产买卖,成就了完全的有限责任增信。但是,增信目前基本上停留在所谓的"内部增信"与"外部增信"这两个似是而非的概念上,而且又因信用违约互换(CDS)作为衍生产品而抛弃了增信。在增信产品中,保险作为古老的交易形式也可转化为买卖关系,如同民事担保,产生了保险联结证券。

正因为古老的交易形式向现代买卖(贸易)形式转化,才形成了以买卖(贸易)形式为基础的现代国际金融贸易体系及其全球大资管,类似世界货物贸易体系及其管理机构。在现代国际金融贸易中,信托型金融产品包含了以信托责任为核心的上市公司股票、公募基金或私募基金、房地产投资信托与证券化产品,中国各个金融机构所谓资管计划或理财计划也应在信托型金融产品范围之内;担保型或保险型金融产品包括信用买卖的衍生产品,保险交易的风险产品。

所有上述以外部管理拟制人为资产持有人的金融产品,在国际金融贸易中均为"一般资管"形式,或者称为"全球大资管",与国际另类资管或特殊目的资管机构(SPC)无关。只有信托型金融产品中的资管型 ABS,如"美国两房"(2Fs America)及未来的"全球两融"(2Fs Global),才是国际另类资管机构或特殊目的资管机构。担保型或保险型金融产品的风险资产交易机构包括对冲基金(HF)及风险利差(Spread),也是特殊目的资管机构(SPC)。但是,中国不良资产管理机构(AMC)却不属于国际资管行业中的资管机构。因为不良资产属于资产处置状态,处置资产不属于资产管理对象。

从债券投资来说,债券机构投资者(基金/资管)必以信托责任为核心,并以增信产品规避债券风险。中国至今还未能融入现代国际金融贸易体系,一方面是基于1961年前的大陆法系,无法承认特殊目的载体(SPV)、投资基金这类外部管理拟制人;另一方面是基于中国的信托法,它只是一部不伦不类的民事信托法。尽管中国存在商事信托,如信托计划,却未有真正的商事信托法律构架。因此,中国商事信托的金融产品,只是合约产品,并非外部管理拟制人作为资产持有人。因资产持有人缺位导致管理人缺失信托责任,致使中国时至今日都难以融入现代国际金融贸易体系或全球大资管。

2. 均为他人管理

资产由他人管理方为信托,主观上是委托人/投资人在生命/专业上的缺陷与资产保值升值的需求,客观上是管理人的专业与信托责任。风险资产由他人管理方为增信,主观上是债券持有人/投资人缺乏辨别风险的能力与厌恶风险的需求,客观上也是管理人的专业与信托责任。

无论是固收产品(FIS),还是风险资产(Spread),形式上均为专业管理,实质上却为把机构定价转化为市场定价,均需他人管理或市场化专业管理。一方面,可以成立对冲基金或特殊目的资管机构(SPC),直接进行风险资产交易;另一方面,也可采用外部管理拟制人(SPV),以固收产品或风险资产作为基础资产进行资管的资产池,通过批零交易机制或买卖型ABS,最终实现资管型ABS。在批零交易机制或买卖型ABS的基础上,为追求风险利差,也可采用外部管理拟制人(SPV),对风险利差进行价值管理,最终形成权益增信(CEE)的资管型ABS,如"美国两房"(2Fs America),以及复制并取代"美国两房"的特殊目的资管机构——"全球两融"(2Fs Global)。

1) 基础资产为贷款资产

以信贷资产或稳定现金流资产为基础资产的证券化产品包括融资型 ABS、买卖型 ABS 与资管型 ABS 三种不同类型的证券化产品。

融资型 ABS 是商业银行以自身持有的信贷资产为基础资产或资管对象,运用特殊目的载体(SPV)发行的证券化产品。这种证券化产品需要"外部增信",资产风险或权益定价均由外部增信者决定或承担。

买卖型 ABS 是投资银行通过批零机制购买信贷资产作为基础资产或资管对象,运用特殊目的载体发行证券化产品。这种证券化产品因资产数据不足以进行风险定价,仍需外部增信,资产风险或权益定价仍由外部增信者承担。

资管型 ABS 是资管公司(AMC)通过批零机制购买各种信贷资产,并以其持有的资产发行债券或进行借款,以股票权益结构支持债务结构,以权益增信对基础资产进行风险定价,根本无需外部增信,如同"美国两房"。因"美元霸权"和政府支持企业,"美国两房"可以获得低成本资金,据此成为全球孤版。

2) 基础资产为风险资产

以风险资产或增信资产为基础资产,如同信贷资产(FIS),也可进行资产证券化,同样包括融资型 ABS、买卖型 ABS 与资管型 ABS 三种不同类型的 ABS。

融资型 ABS 就是商业银行以信贷资产(标的资产)的风险利差发行信用联结证券(Credit Linked Notes,CLN),如果标的资产违约或破产,商业银行不用对信用联结证券进行理赔,而由投资者自行承担。

买卖型 ABS 通过批零机制购买风险资产,投资银行将其置于特殊目的载体名下作为基础资产或资管对象,并且发行 RBS。因风险资产数据不足以进行风险定价,仍需外部增信,资产风险或权益定价仍由外部增信者承担。这种产品尽管没有面市,却催生了资管型 ABS。

资管型 ABS 通过批零机制购买各种风险资产，资管公司（AMC）对风险资产进行价值管理，设计出 100% 风险覆盖率（Risk Coverage Rating，RCR）的数学模型，抵御随机违约率（Random Default Probabilities，RDP），并以股票权益结构支持债务结构，以权益增信对风险资产进行风险定价，求得并获得风险利差，根本无需外部增信。风险资产的资管型 ABS 属于特殊目的资管（SPC），可为"全球两融"发债进行增信，从而获得低成本资金，据此可以复制并取代"美国两房"。

3. 资管对象略有区别

信托资管对象是资产，增信资管对象是风险资产。因资管对象差异，两者的管理方式有所不同。信托资管对象可为任何资产，或者简称为"正资产"，即因持有资产而拥有相应权利。增信资管对象仅为风险资产，或者简称为"负资产"，即因持有风险资产而履行相应义务。而且，风险资产也有别于保险资产，尽管两者都是对概率的风险定价所形成的风险资产。

在国际金融贸易中，信托型金融产品中的资管对象，包括信贷资产、债券及其他固收产品，均为年度收益率（ARR）的固收产品，即 $ARR = RFRI + IRR$。负利率时代或者 No Cost Capital，无风险利率产品（RFRI）应该为零且转为资本（Capital），年度收益率债券将转化为零息债券或复利债券：票面价（PV）= 发行价（IP）+ 风险利差（Spread），即票面价等于资本加利差（Capital + Spread）。但是，作为风险利率债券，无论是年度收益率债券，还是复利债券，均可推导出风险利差（Spread）转移公式，或 SP 增信公式。

在现代国际金融贸易中，担保或保险型金融产品中的资管对象主要是风险利差或风险资产（Spread），即使信用买卖的衍生产品（CDS），在克服其致命缺陷"交易对手风险"后的"改革版 CDS"中，也可发现 SP 增信机制。从概率定价角度看，基于概率的风险定价，形成风险资产，包括博弈资产与保险资产。基于违约率的风险定价，则形成增信资产，也属于风险资产。SP 增信资产所产生增信效果不容置疑，因为债券的风险利差转移（SP）使得债券成为无风险利率或资本（RFRI/Capital）。

综上，信贷资产、债券及其他固收产品，其实与风险利差一样，本质上都是风险资产，只是表现形式不同（本金包括与否）。因此，无论是信托型金融产品，还是担保或保险型金融产品，资管对象其实均是风险利差，尽管其表现形式有所差别。风险利差或风险资产作为资管对象，真正构成了现代资管行业，相对于"全球大资管"，可以由现代市场定价走向完全市场定价。无论是进行不同风险交易或各类 CDS 交易的对冲基金，还是追求并获得风险利差的特殊目的资管机构（SPC），其实都是国际资管行业的真正主角。

4. 管理方式有所区别

信托管理方式相对被动、消极，仅限于资产管理范围或层面。在负利率时代，被动、消极的信托管理方式可能难以满足资产保值升值的需求，应该改变为主动、积极的管理方式，比如由投资资管向特殊目的资管或对冲基金转化，由资产管理（Asset Management，AM）向价值管理（Value Management，VM）转化。增信管理方式相对较为主动、积极，不可如同被动、消极的信托管理方式，否则将会产生巨大管理风险。增信管理方式应在资产管理（AM）基础上进行价值管理（VM），而且也属于特殊目的资管类型。

国际金融贸易中的信托型金融产品或者担保型/保险型金融产品，都必须进行资产管理（AM），并且风险资产还须进行价值管理（VM）。从资管角度看，担保型/保险型金融产品比信托型金融产品更主动积极，需要进行价值管理，否则将会破产倒闭。也正因为如此，信托型金融产品绝大多数属于全球大资管，只有特殊目的资管（SPC）或者资管型 ABS，属于国际资管行业的主流资管。但是，担保型/保险型金融产品则全部是特殊目的资管（SPC），都是属于国际资管行业的主流资管。

二、价值管理

价值管理是建立在资产管理基础上的，或者说是最高阶段的资产管理

(资管)。作为价值或数值,或者统一资产形态而存在的风险利差可以汇集,可基于数值汇集设计出相应数学模型,用于抵御随机违约率。因存在着信用等级,信用及其信用资产不可汇集;对信用等级及其信用交易的信用定价,也无法进行汇集,即使数学家费尽心思创设各种数学模型,却无法将风险利差设计成可大于本金(票面价,PV)的数学模型,因此无法抵御随机违约率,或者无法实现有限责任增信或终极增信。在 2009 年出台"改革版 CDS"后,德意志银行试图突破资本杠杆限制而拥有超过 50 兆美元的 CDS 名义资产(增信 50 兆美元债券),却在前几年受到美国证监会(SEC)的 78 亿美元的处罚。

与此同时,我们也必须认识到,风险利差汇集,不仅存在可能性,而且存在必要性。如前所述,风险利差作为风险资产,区别于保险资产或博弈资产的是资管方式。保险机构曾在半个世纪前就介入了资产增信(CEA)的金融担保,以为增信资产通过信用交易定价伴随信用转移可以直接汇集,如同保险资产一样汇集。生命与物质的保险概率可以在实验室里检验并获得,但违约率却在不同时空中分布极其不平衡,随机性很强,无法在实验室的众多"瓶子"中获得,并对此进行风险定价,要么"瓶子"太少,要么"瓶子"中的数据不足以对违约率进行风险定价。因此,风险利差需要批零交易机制,方可汇集;之后可按保险资产进行会计处理,处理方式与担保所产生的或有负债完全不同;再以特殊目的机构作为汇集的资产池,如同保险资产来突破信用资产所限制的资本杠杆率;最终以汇集的风险利差设计出相应的数学模型,抵御随机违约率,实现有限责任增信或终极增信。因此,风险利差的价值管理,首先是资产管理,而且是最高阶段的资产管理,甚至超越了资产管理。

1. 批零交易机制

风险利差转移,既可为 SP 增信,使风险债券成为无风险利率产品或现金,又可独立为风险资产或增信资产进行交易流转。但要对增信资产进行汇集,不可等同于保险资产,必须设置批零交易机制,如同按揭贷款。

在零售交易中,债券持有人作为风险利差出让人或增信资产出售方,在支付风险利差的同时,把风险利差对债券承担的风险责任一起转移给风险利差受让人,或者增信资产购买方,并对风险利差出让人或债券持有人承担债券违约责任;零售交易还应约定,增信资产还可继续流转,由增信资产持有人对债券持有人承担债券违约责任;直接与债券持有人交易风险利差或增信资产的,视为零售交易,风险利差受让人或增信资产购买方为零售商。

如果零售商批发出售风险利差或增信资产,可获得批零差价而无须承担资产风险,完成无风险套利业务,前提是有风险利差批零机制。如果零售商无法或不愿批发出售风险利差或增信资产,可视为零售商持有风险利差或增信资产;零售商须按要求提供担保,拨备风险资本金,受限于资本杠杆率;零售商持有风险利差或增信资产,在会计上应作为或有负债处理,如同担保机构的会计处理。

批发购买风险利差或增信资产的,应视为风险利差或增信资产批发商,同时也是风险利差特殊目的资管机构或者价值管理机构;批发商应给零售商提供风险利差或增信资产批发合约与零售合约,并确定零售价格与批发价格;在批零机制中约定,零售商批发出售风险利差或增信资产的权利义务,批发商批发购买权利义务及其违约条款等。

2. 特殊目的资管机构

特殊目的资管机构,即特殊目的公司(SPC),属于资管型 ABS。作为风险利差或增信资产的批发商,特殊目的资管机构将批发购买的风险利差或增信资产置于 SPC 名下的资产池,进行资产管理或价值管理,不仅要确定并获得风险利差,而且据此要对风险利差或增信资产的零售交易价格予以指导调整。从长远看,这将是一个持续下降的过程,尽管有时可能存在上调机会。

3. 特殊目的公司会计处理

特殊目的公司的增信资产,经批零机制成为资管对象或管理资产。因此特殊目的公司的会计处理,如同保险公司对保险资产的会计处理。其会计处理可分为两个阶段：一是风险计提阶段；二是风险核算阶段。

4. 数学公式及其数学模型

基于特殊目的资管，风险利差或增信资产经批零机制成为资管对象或管理资产，又经会计处理为风险管理资产，如同保险资产，据此可以设计出100%风险覆盖率的数学模型，用于抵御随机违约率，实现有限责任增信或终极增信。

第四节 增信与相关学科

一、担保

固收产品（FIS）融资者或债券（Bond）发行人及其相关方，或者独立第三方为其融资进行担保，实际会形成如下一系列的担保负面效应或效果。

1. 增加融资成本

在现行年度收益率（ARR）的固收产品或债券中，融资者或发行人除了需要支付风险利差或融资利率等融资成本，还要另行支付担保费用，据此增加了融资者或发行人的融资成本。

比如，债券经专业评级及其上市路演后获得的债息定价为4%/年，尽管无风险利率为2.5%/年。债券发行人除了支付4%/年的债息，还可能支付1.5%/年的担保费，或者其他百分比的担保费，债券发行人因此承担了5.5%/年或更高的债券融资成本（其实这种会计处理是值得商榷的）。

2. 担保费用的定价基础

由于担保为民事上的无限责任担保，无限责任意味着担保定价没有任何价值基础，只能把价值扩展到全部融资本金，甚至利息，担保人据此要对担保定价作全额风险成本计提。这不仅说明了固收产品或债券缺乏定价的价值基础，而且也说明了担保费用缺乏定价基础，不仅不合理或不科学，而且增加了融资成本。

问题是,1.5%/年的担保定价是如何产生的?如果只是风险利率与无风险利率简单相减,也许只是机构定价,即根据担保机构主观意识确定的担保定价,因为债券实际定价并未出现这种结果。因为融资者支付了比专业评级与债券定价的4%/年要高出1.5%/年以上的融资成本(依据目前会计处理),债券持有人则仍然获得4%/年的债券收益率,远高于2.5%/年的无风险利率产品。因此说,1.5%/年以上的担保定价完全没有价值基础。

如果要把4%/年的风险利率(R_1)债券($C = 100$元面值),调整为2.5%/年的无风险利率产品(R_2)的债券($C = 100$元面值),发行人应该发行年收益率为2.5%的无风险利率产品/债券,并将另行支付37.5元的风险利差(Spread)作为对债券的增信费用(会计合并处理为62.5元债券收入)。这样会计合并处理的结果是,既可仍然维持专业评级与债券定价,又可使债券从风险利率调整为无风险利率。据此,担保定价的公式应该为:

$$\text{Spread} = C - \frac{R_2}{R_1} \cdot C$$

但是,前述数学公式的有效运用,应该如同第五章第三节二、2项中Spread的SP增信数学公式运用所需条件,犹如有条件的"保本生命险"。

至于风险利差是否需要37.5元作为增信费用,则可形成一个市场化的价格协商机制,在37.5元的价格之内决定着一个有效增信机制与无风险利率产品/债券市场。也就是说,在一个有效增信机制条件下,可形成一个比国债市场收益高,但安全性/兑付性却是相同、相似,甚至更高于国债市场的风险(利率)债券市场。

3. 否定信用评级及其信用定价

依据现行会计处理原则、专业评级与债券定价所形成的担保费用,即融资者或发行人为其发行的固收产品或债券所支付的担保费用,可以说是对FIS或债券及其发行人(标的资产)信用评级及其信用定价的否定。基于融资者或发行人的信用风险,专业评级机构对其所发行的固收产品或债券可以确定其相应信用等级。又根据信用等级,投资银行或固收产品或债券承销商可以确定固收产品或债券的信用定价。如果再增加固收产品或债券的担保成本,则是对信用评级及其信用定价等专业服务的否定。

4. "刚性兑付"

固收产品或债券的融资者或发行人,应该根据自身信用风险披露或信用评级对固收产品或债券进行信用评级及其信用定价,不应再由其支付成本来保证固收产品或债券的"刚性兑付",尽管市场需要"刚性兑付"。由市场机制决定的"刚性兑付"或者"增信价格协商机制"来解决"刚性兑付"市场需要,是"刚性兑付"唯一存在的理由,而不是由固收产品或债券的融资者或发行人来保证"刚性兑付"。

5. 担保效率低下与系统性风险

在现行融资担保机制下,如仅为企业集团担保,则无法满足固收市场或债券市场的规模发展与深度发展的客观需求。如为担保机构,因其全额计提风险成本,资本杠杆率限制在10倍以内,与同为古老交易方式的保险相差甚远,担保内外功效及其效率均极其低下。即使10倍资本杠杆率,也无法以其所谓"错位担保"避免债券违约风险,特别是随机风险。并且,担保机构会因其担保违约引发债市震荡,甚至系统性风险。

6. 增加担保资本则是无效行为

任何增加单一担保机构资本金的行为,在经济上是无效的。因为所有担保机构的资本金都受限于相同的资本杠杆率,如果通过增加担保资本来提升担保规模,对于社会资本或投资资本来说则是无效的、浪费的,不会提高资本效益或收益率。因此,中国融资担保机构的资本金扩大,或者组建数百亿元,甚至数千亿元资本金的担保机构,无论名称叫什么担保基金,只是满足了个别人办理国有"养老机构"需求,满足了"一时"的政策需求,都不会带来任何资本正效应。

7. 再担保机构没有任何存在意义

如因担保额度受限于资本金而创设再担保机构,其实没有任何意义。因为只要扩大担保机构资本金即可,再担保机构在同等资本杠杆条件下,应该不愿意从事再担保业务,再担保业务可能减少担保收益,不如直接开展担保业务。如果再担保机构的资本杠杆率可以高于担保机构,那么为什么不给担保机构增加资本杠杆率,毕竟两者在资本杠杆率的担保业务上并没有本质区别。中国有些"砖家"以象形文字思维方式去仿制保险与再保险的关系,其实只能说明这些"砖家"的外行特征。

8. 无法实现利率市场化

如以机构担保的资本金去支撑固收市场或债券市场,不仅脆弱,还可能引发系统性风险,或者资本效率极其低下,而且无法实现利率市场化。机构定价的利差产品或固收产品,只有通过存在于固收产品中的市场化利差转移(SP 增信),方可提高资本效率,以终极增信避免系统性风险,并通过利差的价值管理和市场化交易实现利率市场化,或者对风融资产形成完全市场定价。

二、保险

基于出险(概)率所形成的保险资产,与基于违约率所形成的增信资产,两者均为对概率进行风险定价所形成的风险资产。但是,出险率是基于物质与生命的相应规律及其概率,可在实验室里获得,或者通过推演、计算而得到。违约率却与出险率不同,特别是随机违约率,不仅无法在实验室里获得,或者推演、计算而得到,而且在时空分布上不均衡,极不稳定。

自 1971 年形成金融担保的机构增信以后,保险机构非常自信地介入了机构增信,如同保险资产一样开展增信业务,尽管也进行了相应的精算,设计出所谓精致的"错期增信",以为可以应对随机违约率的挑战,却如同其他金融担保机构一样,最终被产品增信所取代。有的学者把保险机构无法及时偿付作为退出机构增信的原因,其实主要的原因还是保险机构无法正确认识违约率,或者无法正确处理随机违约率。

保险机构于 20 世纪末或 21 世纪初与所有金融机构,甚至所有资本机构一样,都抛弃增信机构转而投入产品增信,即信用违约互换(CDS)交易。

信用违约互换虽然可算得上是一个增信产品,但增信效果却是非常有限的。由于信用违约互换的交易对手风险引爆了2008年的美国金融危机,于是美国于2009年出台了"改革版CDS",欧洲保险机构却推出了"CDS保险产品",即"保险联结证券"(ILS),只是交易对手仅限于保险机构,严防其他机构破产形成交易对手风险。

无论如何,保险资产基于对出险率的精算而进行的会计处理是正确无误的,同为风险资产的增信资产也应如同保险资产那样进行会计处理,比消极逃避增信的所谓"衍生产品"要更有实质意义。

三、大数据

信用交易(CT)是基于信用历史数据积累,并反映在信用主体的信用等级上,违约率据此反映为信用等级;基于违约率的风险利差可用于对违约率进行风险定价,也可为信用交易或信用等级进行信用定价。无论是固收产品或债券,还是金融担保或信用违约互换,风险利差均为信用交易或信用等级进行信用定价,形成所谓的信用资产。

随着大数据的产生,资产可汇集于一个资产池中进行现实数据统计与分析,违约率从现实数据中得以产生并获得,风险利差因此可以直接为违约率进行风险定价。基于违约率的风险定价,可为风险资产。风险资产可以进行批零交易,形成零售业务与批发业务。零售机构因批零差价而无风险退出;风险资产亦可产品化,如同信用违约互换一样进行风险对冲与风险套利;风险资产更可证券化,批发机构作为风险资产管理人,将风险资产打包成证券化产品(RBS)出售,也可通过发行债券,并经增信获得低成本资金,对风险资产进行价值管理,以权益增信抵御随机违约率,实现有限责任增信或终极增信。

大数据的运用,可以使信用(资产)交易直接跨入风险(资产)交易,对违约率进行风险定价无须绕道信用等级,对信用等级的信用定价必定让位于对违约率的风险定价。利差也无须以信用利差命名,还以风险利差之实名,因为传统机构定价正被现代市场定价或完全市场定价所取代,金融资产或风险资产的全球定价权正在发生实质性更替。

四、会计

无论是增信还是担保,重要的是会计处理,它涉及担保机构或增信者的资本及其盈利。在会计处理上,民事担保始终为或有负债,中国融资担保也只是民事担保,当然也为或有负债。金融担保则分为不同的会计处理时段,即风险计提与风险核算,如同保险资产;信用违约互换则为金融产品/金融资产,按金融资产持有期损益与风险对冲损益/套利损益处理。其中,作为机构增信的金融担保,包括保险机构进行金融担保,对于增信资产直接如同保险资产那样进行会计处理,从风险资产角度上讲是正确的。但基于增信资产不同于保险资产,应该在会计处理上要更为复杂、更为细致,应该如同下述利差转移(SP)的增信资产。

在未来利差转移(SP)的增信资产的会计处理上,应将风险资产交易者区分为零售机构与资管机构。风险资产零售机构在一个会计季度里进行风险资产批发交易的,按零售利润入账;若风险资产持有期跨越一个会计季度,则按要求提供担保品,并作或有负债处理。风险资产管理机构通过批发购买风险资产进行资管,资管的会计处理可分为风险计提与风险核算两个时段,如同保险资产。

五、征信

征信,是对融资主体及其分类的信用历史进行各种行为数据积累,可为主体信用等级(Credit Ranking,CR)提供依据,为CT的增信提供基础数据。其实,征信与增信的关系不是很紧密,只是音近而已。征信其实离CT的增信存在很大的间距:从主体征信到主体信用分类,再到信用评级,然后产生信用等级,再对债券进行信用定价,最后才可产生CT的增信。

有个问题我们必须注意,征信不可堕入"血统论",也不可人为创造"不良"人群或阶层。征信,其实属于主体信用的法律管理范围,旨在防止并严惩故意违约。故意违约所形成的非客观违约率,可能会大幅增加社会经济管理成本;对于非故意违约所形成的客观违约率,应该以科学态度进行接纳,并计入正常的社会经济管理成本。

征信工作好坏,除了依靠法律管理抑制故意违约,还取决于科技手段。在征信手段与法律环境较好的国家与地区,信用资产较多,信用交易更容易,当然增信更为有效。因此,征信目的不是将人类分成信用者或低风险人群与非信用者或高风险人群,而是追求不同时空条件下所反映的客观违约率,并将其纳入正常的社会经济管理成本。

六、债券与债市

1. 债券

增信与债券关系可以表达为:年度收益率(ARR)债券为无风险利率(RFRI)与风险利率(RRI)之和,风险利差(Spread)为风险利率与无风险利率之差。风险利差转移(SP)可将风险利率调整为无风险利率,由此产生增信功能,并转化为风险资产或增信资产。

在货币或资本具有成本(Cost Capital)时代,货币或资本(Capital)转化为无风险利率或基准利率,或者资金批发价;风险利差(Spread)则转化为风险利率(RRI),或者资金零售价;债券及其固收产品(融资资产、金融资产)则表现为年度收益率资产/产品,由无风险利率与风险利率构成。在货币或资本不具成本(No Cost Capital)时代,无风险利率或基准利率为零,或者为货币或资本,风险利率则为风险利差。债券及其固收产品则应与年度收益率资产/产品不同,由货币或资本与风险利差构成,并表现为零息债券或复利债券。

零息债券或复利债券两者在概念上是相通的,在价值构成上是相同的,只是在风险利差上存在质量差异。当风险利差或基础利率为零时,债券及其固收产品则为零息债券;当风险利差或基础利率为正时,债券及其固收产品则为复利债券。所谓"负利率债券",其实就是零息债券的风险利差或基础利率为负。受限于传统的年度收益率债券影响力,负利率债券又往往被设计成零息债券,再加少量的年度管理费。

零息债券或复利债券的价值结构是:债券票面价(PV)＝发行价(IP)＋风险利差(Spread),即货币/资本(Capital)与风险利差(Spread)之和。如果风险利差转移(SP),可使复利债券成为零息债券,处于货币/资本无风险状态,或者处于货币/资本所基于的国家主权信用同样的信用状态或信用等级,或者也可以表述为与国家主权信用具有同等的信用风险。由此可见,票面价与发行价相同,则意味着时空没有任何风险,或者债券在发行期间对人对事均无风险或成本。风险利差转移(SP)据此可产生与国家主权信用担保相同的增信效果,可取代国家主权信用担保为复利债券进行增信,又可称为 SP 增信,以区别于信用交易的 CT 增信。

债券定价是基于货币/资本或无风险利率(RFRI)的对具体发行主体或发行产品的风险运用所产生违约率的风险定价。基于统计手段,违约率可反映为主体信用或信用等级,风险定价据此对信用等级进行信用定价;违约率因可通过大数据直接反映,故可以对违约率进行直接的风险定价。至于债券定价的其他各种因素,无论是通胀(Inflations),还是久期(Duration),或者是货币政策,要么关乎无风险利率,要么影响风险利率,其实并不直接与债券定价或者价格构成相关。

2. 债市

债市主要由机构投资者构成,利率市场化所基于的债市由主流资本决定。从外部环境来看,债市的基于无风险利率的产品或国债市场不能满足主流资本,或者说风险利率产品市场具有不可替代性。从内部动因来说,机构投资者肩负信托责任,投资风险债券就必须采用避险方式;除非没有避险方式,机构投资者投资风险债券必为债券进行增信,以维持其对投资者所承担的信托责任。

增信基于机构投资者极度厌恶债券风险的理性判断,据此风险债券方可形成金额庞大的债市。债市市值一般应 5 倍于股市市值,具有吸纳超发货币的超级能力。这样一方面可以防止房市泡沫与通货膨胀;另一方面可使债市从机构定价走向市场定价,也是利率市场化的必由之路。

增信的债券构成了债市最庞大的价值基础,因为极度厌恶风险的国际主流资本是主要投资者,本息的安全性是这个层面的主流意识,尽管可能为无风险利率,甚至零息或负利率。具有一定债券投资能力的人,可以通过对冲风险进行风险债券投资,"改革版 CDS"则可提供相应增信效果的债市,这个层面投资者追求风险相应对冲且本息不完整的安全性。而对冲基金杠杆投资风险债券这个层面的投资者,则是"醉翁之意不在酒",与一般债券投资者不同。除了国债市场,在风险利率市场上债市应该由三个层面/层级构成,即增信的债市、无风险利率市场与风险对冲的债市,以及对冲基金杠杆投资方式的债市。其实,风险债券市场是统一的,只是债市投资者不同,构成了不同层次/层级的债市。

第五章
增信机构与权益增信

特殊目的资管与全球定价权
——上海何以建成全球资管中心

第一节　特殊目的/增信机构

一、特殊目的资管特征

特殊目的资管在法律形态上反映为特殊目的公司（SPC）。特殊目的就是通过汇集资产数据取得风险利差，进而掌握资产定价权。特殊目的资管机构与一般资管机构不同，后者只是挣取利差而已，无论是金融资管机构，诸如商业银行、小贷机构，还是交易资管机构，诸如固收基金、资管（理财、信托）计划。特殊目的公司尽管可能是有限责任公司，却是资产管理机构。资产管理机构可以不受金融机构的杠杆率限制，与金融机构不同，后者资本杠杆被限制在10倍以内，无论是商业银行、小贷机构，还是融资租赁、信托机构。作为资产管理机构，其特征是股本小资产大，资产负债率相对较高，但得益于股权结构支持或增信负债结构，所有资产风险均在风险利差的掌控范围内。

特殊目的资管在法律上属于有限责任公司形态，与特殊目的载体（SPV）不同。首先，特殊目的资管不仅可以持续融资并持续地购买资产，扩大基础资产规模,而且融资方式、范围广泛,与上市公司相同。其次,特殊目的资管属于权益增信,是以其股权结构支持或增信债务结构,与所谓"内部增信"根本无关,也与所谓"外部增信"根本无关。再次,更为重要的是,特殊目的资管还可以其特殊目的获得"政府支持企业"(GSE)地位,等于获得国家信用支持,可以获得低成本融资,无论是基准利率贷款,还是发行相当于国债收益率的债券。正因为如此,作为特殊目的资管的"美国两房"(2Fs America),具有其他资管机构不可能拥有的低成本融资渠道或途径,由此成为特殊目的资管的全球孤版。最后,作为特殊目的资管的"美国两房",掌控了全球最重要金融资产——个人按揭资产的全球定价权。

特殊目的资管的这些重要特征,在"美国两房"中得到充分体现。特殊目的载体(SPV),却不具有特殊目的资管这些显著特征,这也构成了买卖型ABS与资管型ABS的根本差异,相当于"美国两房"作为特殊目的机构与按揭资产证券化(MBS)中的特殊目的载体的区别。"美国两房"因属于政府支持企业而获得的低成本融资渠道,并不是必然的条件,但具有低成本融资渠道,则是特殊目的资管的必备条件。因此,在负利率时代,基于零息债券理性的历史性回归,必然导致 SP 增信及其增信机构取代美国国家主权信用担保,使得作为特殊目的机构的"全球两融"具备了低成本融资渠道,方可在负利率时代得以复制并取代"美国两房"。

二、风险资产可为基础资产

特殊目的资管机构的基础资产,直到目前为止,只有"美国两房"的按揭资产,尽管日本以特殊目的公司(SPC)从事房地产信托投资(REITs),其实只是机械地将民事信托结构运用于商事信托,并不具有任何影响力。与按揭资产在期限上、主体破产上相似的贷款资产,如个贷、网贷(FP)与基建贷款(FI),在负利率资本市场上,可能基于复利债券及其 SP 增信所形成的风险资产,使得个贷网贷与基建贷款可能成为特殊目的资管机构的基础资产,并最终可形成"全球两融"。除此之外,从前述各种贷款资产中转移出来的或者因 SP 增信所形成的风险资产,与前述各种贷款资产一样,均应该可以成为特殊目的资管机构的基础资产。

　　风险利差可为债券或固收资产（FIS）进行风险定价，实际上就是货币/资本（无风险利率）的风险运用所形成的对于违约概率（违约率）的风险定价。风险利差与货币/资本（无风险利率）结合，则为债券或固收资产；风险利差从债券或固收资产之中转移出来，独立为风险资产；基于风险利差转移，作为风险利率产品的债券或固收资产，则为无风险利率产品；风险利差转移则具有增信功能，而转移出来的风险利差可称为增信资产；增信资产，如同基于出险率而对其风险定价所形成的保险资产，也是风险资产。

　　过去，人们对违约率的认识停留在"信用等级"概念上，也只是基于方法论的限制。违约率反映为信用等级，只是违约率来自历史数据积累；这个历史数据只是违约债券发行人的统计，据此债券发行人具有了决定债券风险定价的信用等级。当违约率可直接从债券或固收产品的资产池中获得时，也就可以直接获得基于违约率的风险定价，即风险利差。

　　综上所述，风险利差就是货币/资本（无风险利率）的风险运用（不同信用等级的发行人）所形成的对于违约概率（大数据所计算出的违约率）的风险定价；风险利差可以存在于债券或固收产品之中，对债券或固收产品进行风险定价，也可转移出来为债券或固收产品进行增信，并形成独立的增信资产或风险资产，如同保险资产。既然作为增信资产或风险资产，就可如同贷款资产一样进行流通转让，无论是通过资产的批零交易机制进行转让，还是通过资产证券化（权益化/资本化）机制进行转让。风险利差据此可成为交易型 ABS 或买卖型 ABS 的基础资产，也就是特殊目的资管机构的基础资产。

第二节　Spread 资产管理

一、资管模式

　　尽管基于违约率的增信资产，与基于出险率的保险资产，都同属于风险资产,但是违约率因区别于出险率,增信资产与保险资产的资管模式却不尽相同。增信资产的资管模式需要批零交易机制及其资管型 ABS,保险资产却只需零售与资管直接结合的资管模式。

出险率是基于生命与物质的客观规律或概率,可以在实验室里取得,尽管可以从十万八千里的欧洲到美国,无论是在剑桥大学,还是在斯坦福大学,无论是在 19 世纪,还是在 20 世纪,均可得到基本相同的概率。违约率则是债券或固收产品及其发行人/融资者(以下统称"标的资产")的违约概率,包括任何信用事件,无论是兑付,还是倒闭,抑或是降低信用等级。违约率最大特征是在时空上分布极为不均匀,故称为"随机违约率"。基于不同概率所形成的风险资产,增信资产与保险资产的资管模式不尽相同,否则会使"财大气粗"的保险机构陷于风险资产困境中难以自拔。

尽管自 20 世纪 70 年代以来的半个世纪,美国保险机构曾介入过金融担保(FG)这种机构增信,因既无法适应"及时偿付",又无法应对随机违约率,最终只能退出金融担保的增信市场。目前中国保险机构在"融资担保"无力支撑债券市场时也介入了"债券保险",却不知何以进行风险定价或采用何种资管模式。保险资产的资管模式可以通用于增信资产的这种"主流观点",其实是彻头彻尾的愚昧无知,也许是对金融担保中的美国保险机构不甚了解。

阿里巴巴旗下的蚂蚁集团希望按保险资产的资管模式对个贷网贷进行资管,同时注意到保险行业的竞争性,希望抓住个贷网贷的零售端作为垄断定价的头部机构来避免竞争性,从而获得个贷网贷的全行业"通吃"或垄断地位。蚂蚁集团不仅违反了《中华人民共和国反垄断法》的规定,而且违反了金融机构资本杠杆率的限制,更因为缺乏"特殊目的",即通过获得风险利差去降低融资成本与方便融资。在蚂蚁集团存续的四五年间,中央提出要解决"融资难、融资贵"的政策,并未得到蚂蚁集团的响应。因此,蚂蚁集团不可能成为特殊目的资管机构,也不会得到国家政策支持,成为如同"美国两房"式的"政府支持企业"(GSE)。

二、批发购买

作为机构增信的金融担保，无论是债券担保机构，还是债券保险机构，本来希冀于保险资产的资管模式，通过所谓"错期增信"来应对随机违约率，却"铩羽而归"，不再敢越雷池半步，只能走向消极增信的衍生产品（CDS）。关键在于所谓的金融专家对违约率，特别是随机违约率的认识不够。增信资产"制造"业务，如果由增信机构直接进行资管，竞争性又必然会使"违约"数据分离，无法产生真实可靠的违约率，进而无法对违约率进行风险定价，或者说风险定价加入更多机构主观盈利冲动，要么形成高于风险定价的机构定价，要么机构定价无法应对随机违约率，增信机构违约或破产，最终可能导致债市崩塌。

如果把增信资产"制造"业务看成"零售"业务，如同按揭资产，那么，因增信零售业务形成的增信资产相当于零售资产，可以"批发"出售给增信资产管理机构。在"零售"业务中，债券持有人作为卖方，可以将债券中的风险利差出售给增信零售机构，也可以通过增信资产交易平台进行零售交易。据此，增信零售机构可获得零售利润而无需承担资产风险，可谓无风险套利；与债券持有人一样，通过出售增信资产使债券转化为无风险利率产品，同样也是无风险套利。

通过增信资产交易平台批发购买这个环节，增信资产得以汇集到特殊目的资管机构或增信资产管理机构名下，以大数据为技术条件对增信资产进行资产管理与价值管理。也就是说，基于汇集于特殊目的资管机构名下资产池中的增信资产，以大数据对资产风险进行直接的寻求"违约概率"，进而对于增信资产进行风险价值管理，由此方可获得风险利差，方可准确地对资产进行风险定价，将主观利益决定的机构定价转化为客观概率的市场定价。在增信资产"批发"业务中，增信零售机构作为卖方，将增信资产在增信资产交易平台上批发出售，增信资产管理机构则为批发购买方。

三、会计处理

增信资产管理机构所批发购买的增信资产,可按照保险机构会计处理方式进行会计处理,即分为不同时段进行不同会计处理。在兑付/增信到期/破产事件发生之前,按违约概率进行风险计提;在兑付/增信到期/破产事件发生之时,按实际违约损失计算,风险计提按实结算,确定盈亏。不同的增信资产,计提方式不同;不同的增信对象,无论年度收益率债券或固收产品,还是复利债券,风险计提也有区别。也就是说,原来增信零售业务的会计处理方式,实际上是不适合增信零售业务的,而是适合增信批发或资管业务的。

第三节 权益增信与价值管理

一、权益增信

作为风险资产,增信资产不能简单地进行资产管理,否则资产风险会导致特殊目的公司(SPC)破产倒闭。对于特殊目的公司来说,无法如同特殊目的载体(SPV)那样,依靠所谓的外部增信来支撑公司的股债结构,而必须以公司股权结构,无论是普通股或优先股,还是可转债或次级债,支持或增信公司债务结构,既包括直接融资的债券或结构化产品,也包括间接融资的银行贷款或租赁产品,特殊目的公司由此方可形成股权结构支持或增信债务结构的权益增信。权益增信,对于增信对象或各种债券等固收产品来说,就是终极增信,由增信公司在任何时候、任何地方承担违约责任并及时进行理赔。因为风险资产经历了资产增信的批零阶段而进入到最终的资管阶段,只要成功地形成权益增信,便达到了不可撼动的终极增信。

权益增信,从法律和会计等专业层面来看,其实一直存在于有限责任公司之中,特别是存在于16世纪以来的上市公司之中,只因"熟视无睹"

而"鲜为人知",除非特别专业人士。与此相反,在融资型ABS或买卖型ABS中,在所谓"外部增信"支持下的所谓"内部增信",混淆并取代了权益增信而大行其道。其实,外部增信根本没有多少增信意义,只是外部增信条件下的不同层级证券(权益)可以进行风险定价而已。

权益增信,相对于证券化产品(ABS)来说,并不存在于融资型ABS或买卖型ABS之中,只是存在于资管型ABS之中,或者特殊目的资管之中,目前仅存在于全球孤版的"美国两房"。如果以增信资产为基础资产的特殊目的资管,或者风险利差的资管型ABS得以面世,那么"美国两房"得以复制,或者被取代的日子不会太远,"全球两融"终将华丽登场。我们可以期待,终结"美国两房"全球孤版的历史,并打开权益增信的崭新篇章。

权益增信,在信贷资产为基础资产的"美国两房"或"全球两融"中,只需在特殊目的资管公司名下进行相应资产管理,只要资产买入价格与公司融资价格存在相应利差,便可在大数据技术支持下获得基础资产的风险利差,在掌控此类信贷资产的资产定价权的同时,实现股权结构支持债务结构的权益增信或终极增信。但是,对于增信资产或风险利差为基础资产的特殊目的资管机构或者(权益)增信机构来说,资产管理只是第一步,价值管理才是根本,只有基于价值管理,方可真正形成权益增信。因此,权益增信是价值管理所追求的目标,价值管理是实现权益增信的手段与工具。

对于(权益)增信机构来说,所谓的"价值管理",就是设计出可以100%覆盖风险,或者可以抵御随机违约率的数学公式以及权益增信机构根据不同增信对象或增信期间或不同时空的增信理念而设计出相应的数学模型。它不仅包括各种债券的风险利差转移的定价公式,而且包括批零交易和资产管理等不同成本的抵御随机违约率的数学公式。如果与资产增信一样,则无法抵御随机违约率,权益增信就没有存在的理由与价值。其实,所谓的100%覆盖风险率或者抵御随机违约率,相对于(权益)增信机构来说,就是实现权益增信,即在大数据技术支持下,获得资产价差或风险利差,以特殊目的公司的股权结构支持债务结构。

二、价值管理

对基础资产或风险资产的价值管理,首先就是要确定增信的正确定价公式;其次是在增信的正确定价公式基础上,设计出可以抵御随机违约率或具有100%风险覆盖率的,可以实现权益增信的数学公式;最后根据具体增信因子设计出相应的终极增信的数学模型。其中,主要是零息债券的SP公式,再加上适当比例的ARR债券(SP)数学公式,在这两个SP增信的数学公式基础上,再设计出权益增信的数学公式。

1. 零息债券SP增信的数学公式

零息债券是由货币/资本加风险利差构成。具体来说,债券票面价(PV) = 发行价(IP) + 利差(Spread)。只要风险利差转移的SP增信,发行价即为债券票面(无风险利率)。比如,债券票面价为100元,发行价为90元,风险利差为10元。只要零息债券持有人支付10元(或10元之内)的风险利差或增信费用,或者当风险利差转移(消失)而为零,复利债券即为货币/资本,如果仍然存在一些风险利差或基础利率即为无风险利率产品。因此,SP增信的基本公式为:

$$Spread = PV - IP$$

2. ARR债券SP增信的数学公式

ARR债券由无风险利率(RFRI)与风险利率(RRI)构成,也可称为RRI债券。风险利差为风险利率与无风险利率之差,即 Spread = RRI - RFRI。

如果仅仅把风险利差以简单的两个利率相减,其实并未获得真正的风险利差,风险利率也未转化为无风险利率。比如,无风险利率(RFRI)为2.5%/年,如果债券投资人持有100元债券(风险利率(RRI)为3%/年),为避险又转移风险利差0.5%/年,实际债券收益率则为2.985%/年,仅调整了0.015%/年,并非由3%/年调整到2.5%/年。在这个条件下,增信机构所收到的风险利差根本无法应对违约率,更谈不上应对随机违约率。假设:R_1

为 RRI，R_2 为 RFRI，C 为 100 元的债券面值，前述结论则来自 ARR 债券如下 Spread 的 SP 增信数学公式：

$$\text{Spread} = \frac{R_1}{R_2}C - C$$

如果债券投资人支付风险利差 3%/年，债券收益率仍然高于 2.9%/年，在正常条件下无法调整到 2.5%/年的无风险利率。只有在特定条件下，3%/年的风险（利率）债券可能调整到 2.5%/年的无风险利率产品/债券，Spread 为 20 元。假设：①ARR 债券增信占比只有 10%，且风险利差（Spread）为增信的 ARR 债券本金的 10%。②"偿还基金"在偿还期限内持有 1%以上的增信机构股票，且增信机构股票的 PE 值不低于 10。③债券期限不低于 10 年，或者将上述有关数字作结果相同的相应调整。在这三个条件下，前述数学公式也许可以有效运用，也犹如"保本生命险"。

至于风险利差是否需要 20 元作为增信费用，则可形成一个市场化的价格协商机制，在 20 元价格之内决定着一个有效增信机制与无风险利率产品/债券市场。也就是说，在一个有效增信机制条件下，可形成一个比国债市场收益高，但安全性/兑付性却是相同、相似，甚至更高于国债市场的风险（利率）债券市场。

由此可推导出的结论是：其一，ARR 债券在正常条件下无法开展风险利差转移的 SP 增信，除非是假象错觉的所谓"信用利差"；其二，即使把 ARR 债券收益率全部转移，ARR 债券持有人的投资收益也未调整到无风险利率；其三，ARR 债券中的风险利差无法抵御违约率或随机违约率，或者无法对违约率或随机违约率进行精准的风险定价，以至无法确定从风险利率调整到无风险利率的风险利差；其四，由此可以理解，积极增信的金融担保（FG）为什么会走向消极增信的信用违约互换（CDS），陷于赌博类型的"衍生产品"；其五，ARR 债券在非常条件下可以开展风险利差转移的 SP 增信，但需要结合资本市场上的各种条件，方可实现使风险利率调整到无风险利率，及其风险利差转移的 SP 增信。

最终结论是，风险利差仅为空间概念，风险利差转移的 SP 增信，也就仅适用于无成本资本(No Cost Capital)的零息债券,难以适用于 ARR 债券。也就是说,属于空间概念的风险利差,在堕入时间概念/成本资本(Cost Capital)后,无法获得真正转移,或者说被时间成本所扭曲的风险利差同样需要资本成本来释放转移。高维物质堕入低维空间,唯有回到高维空间,或者以高维空间的方式方法,才可使高维物质回归本色。

3. 权益增信的数学公式

风险利差转移的 SP 增信,通过风险资产批零交易机制,最终采用风险利差价值管理的特殊目的资管,以特殊目的公司或权益增信机构名目面世。权益增信机构对风险利差进行价值管理,管理目标是实现股权结构支持债务结构的权益增信,管理手段/工具是设计出可以抵御随机违约率的最大边际效益(MI)或 100% 风险覆盖率(RCR)的、属于 Spread 价值管理的基本数学公式。在下列条件下,可以设计出零息债券与 ARR 债券合成比例的,并与各项因子相结合的各种数学模型,并得出边际收益(MI)和风险覆盖率(RCR)的计算公式。

假设:风险成本计提期间(RCT)或管理时间 $(MT)=T$;RCT 期间内的自然时间 $=t$,当 t 最大化时,为 T;ARR$=a$,或者:Spread$=s$,$T \cdot a = s$,$a = s/T$;增信总额 $=b$;增长率 $=y$。

则边际收益(MI)计算公式为:

$$MI = \sum_{t \geqslant 1}^{T} t \cdot T(a \cdot b)(1+y)^{(t-1)} - (a \cdot b)(1+y)^{(t-1)}$$

或:

$$MI = \sum_{t \geqslant 1}^{T} t \cdot s \cdot b(1+y)^{(t-1)} - (s/T \cdot b)(1+y)^{(t-1)}$$

风险覆盖率(RCR)的计算公式为:

$$RCR = \sum_{T \geqslant 1}^{T} T^2 \cdot a(1+y)^{(T-1)} \geqslant 100\%$$

或:

$$RCR = \sum_{T \geqslant 1}^{T} T \cdot s(1+y)^{(T-1)} \geqslant 100\%$$

第四节 影响资产定价权

一、SP 增信

1. 国家担保

零息债券基于下述原因,需要国家主权信用担保。①期限长。零息债券的存续期限一般不低于 10 年,期限长本身就是符合了企业生命周期理论,企业破产倒闭可能使零息债券发生根本违约,导致债市投资信心丧失而失去融资功能及其利率市场化功能。②一次性还本付息。由于每年支付的利息转化为零息债券票面价与发行价的风险利差(Spread),零息债券缺少 ARR 债券的每年支付利息的行为。由于这种"露脸"或"冒泡"比较少,在 20 世纪信息披露不够发达条件下,零息债券需要终极性的担保——国家担保,人们并不真正关心零息债券评级如何,或者发行人的信用等级如何。

国家担保用于市场化的债券或零息债券,也许是一种尝试,但肯定不具有可持续性。无论是国家担保利益导向,还是零息债券替代品的不断面世,抑或是可恶的"高利贷"形象及其金融利益集团的"阳谋",零息债券均难以存在与发展。即使零息债券在负利率时代具有理性的历史性回归的一切条件,无论是债券价值构成,还是收益率优于零息债券或负利率债券,抑或是可以设计出各种低成本融资功能的零息债券,却可能因国家担保及其替代品的缺失,直接导致零息债券错失登上负利率时代债市大舞台的历史机会。

2. SP 增信取代国家担保

2009 年作为金融革命年,在"改革版 CDS"中的风险利差转移替代信用保护买卖这一客观事实,显示出了 SP 增信取代了 CT 增信。"改革版 CDS"的 SP 增信,与比特币和负利率一起,形成了三支"利箭",直击美国主权信用及其"美元霸权"。于是,国家主权信用不可被替代的神话开始破灭,国家

(主权信用)担保也可以被增信产品替代。

无论是金融担保,还是信用违约互换,从增信理论上讲,均可使风险利率债券调整为无风险利率产品,即使国家主权信用债券(国债)也是增信对象,增信据此在理论与实践上均可取代国家担保,尽管在 ARR 债券中风险利差转移的 SP 增信,其实现途径是非常狭隘的。如前所述,风险定价并不精准,或者无法精准定价于 ARR 债券,只有在非常条件下运用"保本生命险"方可有效。但是,风险利差转移的 SP 增信,却在负利率资本市场上为历史性回归的零息债券进行增信,通过零息债券的 SP 增信公式,并与权益增信机构的 MI 公式和 RCR 公式一起,为零息债券进行终极增信,或者抵御随机违约率,因而可以取代国家担保。

基于取代国家担保的 SP 增信,又基于零息债券可提供低成本融资,"美国两房"将不再是"全球孤版",复制并取代"美国两房"的特殊目的资管便可大行其道,基于未来国际金融市场上最重要金融资产的全球定价权,"全球两融"肯定会强势崛起,或者势不可挡地取代"美国两房"。不仅如此,零息债券又特别适用于基建融资与"三农"融资,不仅可为"全球两融"提供低成本资金,而且可为基建融资与"三农"融资提供低成本资金。基于零息债券在 SP 增信条件下具有非常广泛的运用场景,由此可以推断,零息债券将在负利率时代得以理性的历史性回归,并且是强势回归。

二、SP 增信的影响力

未来国际金融市场上的主要金融资产,将是基建融资与个贷融资。SP 增信的零息债券不仅适用于基建融资,而且更适用于以基建融资与个贷融资为基础资产的"全球两融"。因此,(权益)增信机构透过对零息债券的增信,直接或间接地影响着基建融资,并通过"全球两融"间接地影响基建融资与个贷融资的资产定价权。

首先,通过资产增信或风险利差零售业务,使风险利差从债券中转移出来而独立为风险资产。风险利差转移的 SP 增信,在传统机构定价机制转向现代市场定价机制中,对债券风险定价具有决定性的影响力。比如,机构定价的 ARR 债券重置为零息债券时,可释放出较大的风险利差,这有赖于 SP 增信,否则无从说起。因此,SP 增信通过债券或零息债券对发行人发生重大影响力,无论是对"全球两融",还是对基建主体(地方政府)。

其次,SP 增信的零售阶段,如同贷款资产的零售阶段,是形成风险资产的初级阶段。为了控制资产风险,必须进行资产管理;特殊目的资管或权益增信机构,则通过风险利差批发交易机制进一步转移或分解资产风险,并使 SP 增信的零售阶段成为无风险套利阶段,从而对风险利差批零交易机制中的各方、资管对象及其风险利差具有重大影响力。

最后,"全球两融"本身作为一种特殊目的资管(机构),也是一种权益增信(机构),只是基础资产为贷款资产。"全球两融"以其权益增信支撑或支持着贷款资产的批零交易机制,支持贷款资产的批零交易机构均可开展无风险套利交易,从而可以实现"贷款方便、贷款便宜","全球两融"据此方可对贷款及其贷款机构取得资产定价权。由此可见,"全球两融"通过批零交易机制对基建融资与个贷融资具有全球资产定价权。

第六章
"全球两融"与零息债券

特殊目的资管与全球定价权
——上海何以建成全球资管中心

第一节 负利率与"全球两融"

一、负利率金融

负利率时代的来临,意味着成本货币/资本时代的终结,纯粹信用货币时代的实际开启,无成本货币/资本开始运行的新纪元的到来。现行国际金融体系面临全面改革,一个崭新的全球金融体系将要形成。在负利率时代,货币不再依据时间成本收取收益,反而如同一般资产需要支付管理费用,除了风险运用或基于违约率所产生的风险定价或风险利差。无论是已经存在的银行管理费所基于的无息存款,以及负利率债券所基于的零息债券,还是零息债券理性的历史性回归及其风险利差转移,抑或是 SP 增信所形成的权益增信或终极增信,更是特殊目的资管的进化扩展,犹如复制并取代"美国两房"的"全球两融",以完全市场定价取代现代市场定价,完全无需与美联储/中央银行分享全球金融市场上的资产定价权。总之,在负利率时代,货币只是作为一般资产,除了风险运用而收取的风险利差,再无时间成本或时间收益,只需要支付管理成本。

二、"全球两融"

1. "全球两融"与"美国两房"

1) 两者共通之处

"全球两融"与"美国两房"均属特殊目的资管,基础资产均为无信用等级的贷款资产而无法直接进行风险定价,并同为特殊目的公司(SPC)所有;均可通过现代大数据技术寻求基于违约率的风险利差及其对违约率的风险定价,同为SPC不同权益进行风险定价,并因区分SPC不同层级权益而构成权益增信;据此共同形成无风险套利的资产批零机制,进而对基础资产所属金融资产形成资产定价权。

2) 两者差异之处

"全球两融"与"美国两房"的基础资产有所不同,"全球两融"的基础资产范围远大于"美国两房",并将为全球主要金融资产。从本质上说,"全球两融"并不具备"美国两房"所基于的"政府支持企业"(GSE)优势地位,因此无法获得美国国家主权信用的"背书",也不可能与美联储分享资产定价权,只能依赖于负利率时代理性回归的零息债券与SP增信及其转化为风险资产,并在市场交易与价值管理中所产生的权益增信;据此所获得的资产定价权也只是风险资产市场化交易的结果,不可能与人为的美联储/中央银行分享资产定价权。

2. 设立的先决条件

1) SP增信及其权益增信机构

"全球两融"产生的首要条件是,SP增信及其权益增信机构的形成与设立。在美联储/中央银行主导的成本货币/资本、机构定价的ARR债券/固收产品及其信用交易的条件下,只可能产生美国国家主权信用,或者美联储/中央银行支持的,以按揭资产为基础资产的"美国两房"。一方面,基建融资与个贷资产不可能成为特殊目的资管机构（SPC）的基础资产；另一方面，"美国两房"赖以存在的、可以获得低成本资金的融资方式却是绝无仅有的，不存在市场化的支持机制。因此，"全球两融"的创设如果没有前述先决条件，绝无可能产生，最多可以如同投资银行开展买卖型 ABS。只有当 SP 增信及其权益增信机构产生以后，以这种市场化的支持机制为先决条件，方可获得"美国两房"低成本资金的融资方式，"全球两融"方可应运而生。

2) 零息债券

在"成本货币"的资本市场上，盛行的是年度收益率债券，这种债券实为资本利益，而非市场公平利益。在年度收益率债券条件下，只有依赖于美国国家主权信用的背书，依赖于美联储的支持，特殊目的资管机构"美国两房"方可运行至今。负利率时代的开启，在"无成本货币"或负利率的资本市场上，零息债券理性的历史性回归，相对于年度收益率债券来说，不仅可以为资本市场创造新的价值，而且可以极大降低融资成本，这就为寻找低成本资金的"全球两融"提供了融资工具或融资方式，使其得以复制并取代"美国两房"。因此，"全球两融"的崛起，离不开零息债券的支持。

3) 负利率时代

无论是 SP 增信及其权益增信机构，还是零息债券，"全球两融"产生的历史背景，是无成本货币/资本的负利率时代。因为无成本货币/资本，方可发掘零息债券的巨大资管价值，导致零息债券理性的历史性回归；零息债券的风险利差得以正常转移，彻底改变了年度收益率债券中的风险利差转移所带来的扭曲非常状态，正常转移的风险利差才有机会识得"庐山真面目"，形成 SP 增信及其权益增信机构；在为零息债券提供权益增信或终极增信的同时，不仅为零息债券主要发行人"全球两融"提供低成本资金，还为负利率资本市场提供了广泛的资管机遇与庞大的资管价值。

3. 历史意义

1) 独享资产定价权

与一般资管不同，特殊目的资管不仅要挣得一般资管所挣得的风险利差,而且要掌握风险利差,并在掌握风险利差的基础上挣得风险利差,这就是掌控资产定价权的特殊目的。但是,在成本货币/资本时代,盛行着年度收益率债券,即使作为特殊目的资管的"美国两房",在资产定价权方面,也只是与美联储/央行进行分享,在所谓"现代市场定价"范围之内。

由于资本市场来到了负利率时代,即无成本货币/资本时代,这为"全球两融"的崛起提供了历史性大背景。取代"美国两房"的"全球两融",不再依赖于美国国家主权信用的背书,不再依赖于美联储基准利率的支持,而是基于负利率时代零息债券理性的历史性回归,及其风险利差转移所形成的SP增信与权益增信。无论是零息债券,还是权益增信,抑或是风险利差作为风险资产所设置的批零交易机制,都是市场化交易机制所支持的。

因此,作为特殊目的资管的"全球两融",不再与美联储/中央银行分享其所资管的基础资产的全球定价权,而是形成了完全市场化的常态定价机制,完全市场定价即独享资产定价权。"全球两融"通过资产管理所形成的权益增信,掌握了基础资产的风险利差并进行有效分配,无论是资产批发,还是资产制造(零售)。"全球两融"对风险利差的有效分配,或者市场化配置机制,即可视为"全球两融"的资产定价权。

2)造福于人类

"全球两融"所管理的基础资产就是基建资产与个贷资产。这两类资产在负利率或无成本货币/资本时代将成为全球最主要的两大金融资产。但是,在现代成本货币/资本时代,基建资产与个贷资产既无信用等级,又无金融产品支持,形成"融资难、融资贵"历史难题。即使以个人按揭贷款为基础资产的,或者掌握个人按揭贷款资产定价权的"美国两房",由于与美联储分享资产定价权,也无法推出北欧式的"负利率"按揭贷款。

独享资产定价权的"全球两融",却与"美国两房"完全不同。在负利率时代,"全球两融"将以史无前例的低利率服务于基建资产与个贷资产,并使其得以持续增长,而且必将推动"逾期违约"走向"条件违约",发展成为全球最主要的两大金融资产。基建资产与个贷资产其实都是关乎人类发展与进步的主要金融资产,彻底破局"融资难、融资贵"将有利于人类教育、创业、安居与消费等正常健康生活,从而造福于全人类。

第二节 基础资产

一、与按揭资产相似的基础资产

从理论上讲,任何个人融资或个贷资产(Financial for Person,FP),无论是个人按揭贷款,还是大学生贷款、个人创业贷款与消费贷款,所形成的个贷资产,均可成为特殊目的资管机构的基础资产。从法律上来说,个人只会有限破产,除非彻底死亡。据此,在大学生贷款中的"条件违约"而非"逾期违约",在负利率时代的低成本融资条件下,将会适用于所有个贷资产。

除了个贷资产,与按揭资产最为相似的贷款资产,正是基建贷款或基建融资所形成的基建资产(Financial for Infrastructure,FI)。地方政府与个人一样,应该只会有限破产,除非"彻底死亡":国家或政府消失。即使如此,地区管理人的继任者也许仍将成为继承人。从这个意义上讲,地方政府作为拟制人比作为自然人的个人更难"彻底死亡",且没有生命周期。据此,在负利率时代的低成本融资条件下,"条件违约"也适用于基建资产。尽管基建融资不具信用等级,目前也没有金融产品支持,但却与个人融资一样,全球市场存在着巨大需求,未来也必将成为全球最重要的金融资产之一。

个人融资或个贷资产、基建资产这两种类似个人按揭资产的,不具信用等级的非标资产,从信用理论上讲应该是无法提供金融产品支持的,应该是"融资难、融资贵"的具体资产。但是,以个人按揭资产为基础资产的"美国两房",却通过大数据技术支持(无论有意或无意)而获得风险利差,对不同层级的权益/证券进行风险定价,形成无需外部增信的权益增信,从而相应地掌握了按揭资产的定价权,总体上与美联储分享资产定价权,决定着全球个人按揭的资产定价。同理,与个人按揭资产相似的个贷资产与基建资产,也可成为特殊目的资管机构（SPC）名下的基础资产，因此可称为"全球两融"，也可通过权益增信独立地掌握基础资产定价权。

二、目前状态

不具信用等级且无金融产品支持的基建融资，目前占到中国金融机构贷款资产中的35%，规模高达100万亿元，为中国改革开放以来的40余年经济快速增长提供了强大的引擎或动力。中国基建融资的成功，也将为"一带一路"，甚至全球基建融资，包括新型高科技的基建融资，提供了一个可参考的样板。

不具信用等级且无金融产品支持的基建融资，全球需求十分庞大。2021年美国通过了2万亿美元基建投资预算（其实也是基建融资）；欧洲地区的西方国家多年来受限于基建融资没有金融产品支持，基础设施建设已经相对落后，存在巨量的基建融资需求；发展中国家更是对基建融资存在极大的渴望。

个人融资或个人贷款在全球增长迅猛，已占金融机构甚至商业银行金融资产的37%～42%。个人融资包括按揭贷款、大学生教育贷款、消费贷款与创业贷款，在互联网与大数据支持下，个人融资将迅速增长，成为全球最重要的金融资产之一。中国商业银行业的按揭贷款已经高达35兆元，由商业银行与小贷机构开展的消费贷款与创业贷款，贷款总额最高峰时达到30多兆元，在"P2P"泡沫消失后，还剩下15兆元左右。

三、可持续性增长

可以预测，个贷资产（FP）将与基建资产（FI）一起构成全球最重要的贷款资产或融资资产，其实负利率时代的开启已经证实了这个预测。大型企业集团可以直接融资或发行固收产品；与大型企业集团具有供应链关系的中、小企业，可以运用供应链金融直接融资；科技创新型的中、小微企业，则可由多轮风投通过股权融资获得资金。剩余下独立的中、小微企业，则是商业银行贷款风险最高的企业,破产倒闭率极高。因此,商业银行的贷款收益不仅难以支付巨额的存款利息,更是无法覆盖经营成本。于是,以存款管理费为基础、以负利率债券为代表的负利率时代便不期而至。

既然商业银行主要贷款对象——独立的中、小微企业融资贷款构成了商业银行的最大经营风险或经营成本,作为商业银行必然要删除这个最大经营风险或经营成本,才能提高管理效益。如果所有个贷资产均适合于"条件违约",必然导致独立的中、小微企业融资贷款变更为个人贷款,独立的中、小微企业也将随之消失,除非有特定市场需求或投资爱好。

1. 未来基建融资

由于中国为全球最大基建强国,中国金融机构拥有着全球最多、规模最大的基建资产,总额高达百万亿元人民币。相对于特殊目的资管,相对于基建资产的全球定价权,这是中国独有的金融稀缺资源。中国倡导的"一带一路"基建融资需求,在未来二三十年里,基建融资需求总额高达100万亿元;东盟国家在未来5年的基建融资,需求总额高达3.5万亿美元;以美国为首的G7会议决定,在2035年前为世界各国提供40万亿美元的基建融资,与中国创导的"一带一路"基建融资进行竞争。

2. 未来个人融资

个人融资的未来发展方向将主要从按揭贷款与消费贷款,逐步转化为创业贷款与大学生(教育)贷款。随着"全球两融"的健康发展,权益增信机构的正常运行,个人融资利率逐步下降,以及"逾期违约"逐渐消失,取而代之的"条件违约"成为现实,最终所有个人融资利率都将在2%/年左右,当然按揭贷款早已进入2%/年,甚至北欧已出现"负利率"按揭贷款。但是,基于个人融资违约率的风险定价,年利率为2%左右的个人融资,将极大地释放人类的积极性,促进人类进化发展,最终造福于全人类。

另外,虽然独立的中、小微企业目前仍为商业银行主要贷款对象,但商业银行所拥有的独立中、小微企业贷款资产却是风险最大的,甚至导致商业银行经营收入难以覆盖经营成本,才走入了存款管理费的负利率时代。如果未来"逾期违约"转化为"条件违约",个人贷款,特别是创业贷款,将会得到更快发展,因为绝大多数独立中、小微企业将回归个体经营,进行个人贷款。其实,目前中国商业银行对于独立中、小微企业采取"当铺"政策,而且"股东担保"实际上已经破局了有限责任公司,转化为个人贷款而承担无限责任,这是贷款历史自然发展的客观规律,并不因"有限责任公司"是人类最大的发明之一而改变。

四、需要 SP 增信的基础资产

但是,如何管理金额庞大的基建融资和个人融资及其资产风险,却是中国金融界,甚至全球金融界最大的挑战。如果将这 100 兆元的基建融资,近 50 兆元的个人融资进行资本化,开展买卖型 ABS 或资管型 ABS,中国银行业的 M2 及金融杠杆率会调整到正常水平,可与美国银行业基本相同。中国开展买卖型 ABS 或资管型 ABS,尽管有美国的按揭贷款证券化(MBS)与"美国两房"作为样板,却难以真正简单复制,需要获得区别于信用交易增信的利差转移增信,即 SP 增信这一新型金融理论的支持。

作为全球最重要的贷款资产或融资资产,基建资产可以采取直接融资的发债形式,也可采取间接融资的贷款形式,而个贷资产仅可适用贷款形式。但是,以基建资产与个贷资产为基础资产的特殊目的资管机构,"全球两融"可以采用直接融资的发债形式,而且,一定是在负利率资本市场上发行复利债券,才能获得低成本资金,方可复制并取代"美国两房"。

目前国际金融业界与金融学界还未真正认识到,负利率时代所开启的无成本货币/资本,将重置全球金融体系。复利债券的历史性回归所带来的低成本融资,不仅为"美国两房"式的特殊目的资管机构复制或兴起提供了不可或缺的历史机遇,而且风险利差作为风险资产可以从固收(金融、融资、贷款)资产中转移出来,特别是复利债券中的风险利差转移,可取代美国国家主权信用担保,以保证复利债券的安全兑付。

风险利差转移所形成的增信资产或风险资产,又可通过批零机制置于特殊目的资管机构名下,从而产生以权益增信或终极增信为支撑的增信机构,即以风险资产为基础资产,并对其进行价值管理的增信机构。这种特殊目的资管机构就是增信机构,与以个贷资产与基建资产为基础资产的特殊目的资管机构"全球两融"不同,但与后者共同构成了特殊目的资管。

第三节　零息债券

一、理性回归

债券或固收产品的形式有很多,因利息支付方式不同可分为年度收益率(ARR)债券与零息债券(ZCB)。基于货币或资本具有成本理论,货币或资本转化为无风险利率产品(RFRI)或基准利率,风险利差(Spread)转换为风险利率(RRI),形成年度收益率(ARR)债券,即:ARR = RFRI + RRI;Spread = RRI - RFRI。但站在不同主体立场上,Spread 是不尽相同的,不是简单地相减而是调整为不同主体的收益率或成本。

当负利率时代来临,意味着货币/资本不具时间成本,也就不存在所谓无风险利率产品(RFRI)或基准利率(Prime Interest),风险利差也因失去时间成本而无须转换为风险利率(RRI),因此构成了零息债券,即:

PV(票面价) = IP(发行价) + Spread(风险利差)

Spread = PV - IP

从风险利差角度看,对货币/资本的风险运用,只涉及违约率的空间成本,并无时间成本,因此构成了零息债券(ZCB),即:PV = IP + Spread。站在货币/资本(Capital)角度看,货币历来具有成本,而且具有时间运用成本。那么,风险运用也就不仅具有空间成本,同样也具有了时间成本,因此构成了年度收益率(ARR)债券,即:ARR = RFRI + RRI。

零息债券中的风险利差或其所转化的基础利率(Basic Interest),可衍生出不同名称的零息债券。当风险利差或基础利率为零时,则是名副其实的零息债券；当风险利差或基础利率为正时，则为复利债券（Compound Interest）；当风险利差或基础利率为负时，则为负利率债券（NRI）。

因此，零息债券的出现，站在风险利差角度，可称为理性的历史性回归。特别是在风险利差转移上看，零息债券转化为年度收益率债券，其中的风险利差转移则是扭曲变异的，由此导致机构增信（FG）与产品增信（CDS）的定价错误，甚至 CDS 开始成为消极增信，并逐渐脱离增信领域，演化为所谓的"衍生产品"，而非积极主动的增信产品。

零息债券的另一名称"复利债券"，在资本市场上曾经名声恶劣，被视为"高利贷"代表。这也许是人类幼稚的表现，也许是金融既得利益集团所支持的成本货币理论创导的令人厌恶的案例。因此，复利债券在失去国家担保，并在众多替代产品出现的条件下消失了。复利债券如果在负利率时代再现，当然可称为理性的历史性回归，不仅是改头换面，而且具有全新的历史意义与历史责任。无论如何，在无成本货币条件下，具有些许风险利差或基础利率的复利债券，不仅可为"全球两融"提供低成本资金，适合基建融资或"三农"融资这种特殊融资需求，而且可为负利率资本市场提供安全且收益均高于负利率债券的经 SP 增信的复利债券，同样也可为发展中国家和地区或高利率资本市场提供低成本融资工具，有利于"一带一路"建设，因此可造福全人类。

二、核心地位

零息债券理性的历史性回归，将成为负利率资本市场上的"中枢神经"，起到中枢纽带的极为重要的作用。一方面，零息债券连接着负利率资本市场。基于无成本货币/资本，年度收益率债券方可理性地转化为零息债券，为负利率资本市场降低融资成本作出不可磨灭的历史贡献。另一方面，"全球两融"因零息债券而获得了低成本融资渠道，这是创设"全球两融"不可多得的前提条件。此外，零息债券或复利债券的利差转移，不仅证实了 SP 增信理论，而且为 SP 增信理论的实践提供了充分依据，由此可以创立风险资产批零交易机制及其价值管理的权益增信机构,最终取代美国国家主权信用担保,零息债券或复利债券在 SP 增信后可转化为货币/资本或者无风险利率产品。更进一步来看,零息债券又可活跃于资本市场,零息债券或零息债券可以作为固收产品的投资,SP 增信的零息债券则可以作为无风险利率产品或美国国债来交易,从回购机制到做市机制,并且均可与银行存款理财产品配套,使得零息债券或复利债券在未来全新资本市场上举足轻重,可以创造乘数效应的极大资管效应与资管价值。

1. 负利率债市与零息债券

在负利率资本市场或债券市场上,一般认为"负利率债券"均为较高信用等级债券,但最近只具有 A+ 等级的中国国债也在欧盟负利率资本市场上发行了负利率债券或零息债券。由此可见,负利率债券其实也并非是最高信用等级(3A)债券,因为中国国债也仅为 A+ 等级。如前所述,经增信的债券应该具有最高信用等级,可为无风险利率产品而在会计处理上可为核心资本;那么,经 SP 增信的零息债券或复利债券,同样可为货币/资本或者无风险利率产品。

其实,负利率债券也是零息债券的一种,只是风险利差及其转化的基础利率为负而已,风险利差与基础利率为正的零息债券,可称为复利债券。那么,具有风险利差的复利债券,只要进行风险利差转移的 SP 增信,即可转化为安全性如同货币/资本的零息债券或者无风险利率产品。复利债券通过 SP 增信转化为货币/资本或者无风险利率产品,便可释放出巨大的资管效应与资管价值。因此,SP 增信的复利债券可为负利率债市带来"资本魔方",价值无限,定会受到欧洲主流资本的青睐与热捧。

2. 零息债券之于"全球两融"

基于 SP 增信的零息债券不仅可流行于负利率债市,而且相对年度收益率债券具有更低的融资成本,既适合基建融资或"三农"融资,更为特殊目的资管提供了低成本融资渠道,"全球两融"因此可有机会复制或取代"美国两房",方可横空出世;否则,"全球两融"只能停留在思想中,终止于书本上。

反之,因为"全球两融",零息债券适用范围有了新的扩展,不仅仅适用于基建融资或"三农"融资,而且"全球两融"将成为零息债券最为合适的运用对象,零息债券可在全球负利率资本市场上大放光彩,无愧于零息债券理性的历史性回归,及为负利率时代带来崭新的全球金融新格局。

3. SP增信及其权益增信机构

作为零息债券的两个主要构成因素之一(无论是否具有基础利率),风险利差转移,一方面可使零息债券成为货币/资本或者成为无风险利率产品,如果零息债券具有些许风险利差或基础利率;另一方面可从零息债券转移出来的风险利差演化为独立的风险资产或增信资产。由此产生的风险利差转移的SP增信,区别于金融担保(FG)与信用违约互换(CDS),它们均为基于信用交易所形成的(CT)增信。

同样作为风险资产,增信资产与保险资产在资管方式上有所区别。也就是说,增信资产的制造机构或零售机构不可以直接进行资管,否则无法获得基于违约率的风险利差,也就无法对零息债券或固收资产进行风险定价,必须配置于增信资产或风险资产的批零交易机制及其特殊目的资管模式,方可真正获得基于违约率的风险利差,从而掌握SP增信的金融资产的全球定价权。

作为风险资产或增信资产,与同为风险资产的贷款资产一样,均可成为特殊目的资管机构(SPC)名下资产池中的基础资产,并通过大数据技术获得风险利差,设计出可以抵御随机违约率或覆盖100%风险的数学模型,并在不同层级的权益/证券之间进行有效、有序分配,形成权益增信的特殊目的资管机构,即权益增信机构或风险利差价值管理机构,可统称为"增信机构"。

增信机构通过风险利差批零交易机制,对复利债券进行权益增信,可视为终极增信,因为权益增信所基于的数学模型,可以覆盖100%风险,足以抵御随机违约率。

4. 各种衍生资管业务

SP 增信的零息债券,一方面成为货币/资本或者无风险利率产品,零息债券投资具有高度安全性,符合极度厌恶风险的欧洲主流资本的投资理念;另一方面却因持有期内没有任何实际收益入账而困惑,尽管存在账面资产增值。因此,SP 增信的零息债券将衍生出各种资管业务,包括回购业务与做市商业务,以及与之配套的商业银行存款所转化的资管业务或理财业务。

在负利率时代,银行存款已没有任何利息,而且还要支付管理费,这是负利率时代最主要与最基础的金融现象,然后才有"两害相权取其轻"的负利率债券,再延伸出零息债券、SP 增信及其权益增信。因此,SP 增信的零息债券及其所衍生的资管业务,必然存在并发展于银行存款的理财业务或资管业务中,两者相辅相成,互为补充,从而支撑起一个负利率时代崭新的金融体系。

三、时间价值非凡呈现

1. 时间外溢价值

基于空间上的违约率所形成的风险利差,因年度收益率债券为风险利差加时间成本而扭曲为风险利率;一旦零息债券的风险利差从时间成本中舒展出来,必将释放出巨大的空间价值或风险利差,可称为时间外溢价值,从而得以降低融资成本。

在负利率时代或者实际上为无成本货币/资本时代,风险利差又将极大地降低融资成本。即使基于 5% 违约率的风险定价,相对于不低于 10 年的零息债券来说,年底融资成本均在 0.5% 以下,并随着零息债券年限延长比例降低融资成本,如果为 20 年期限的零息债券,年底融资成本将在 0.25% 以下。即使在成本货币/资本的资本市场上,由于存在着无风险利率产品(RFRI),零息债券或复利债券将直接以风险利差来反映,却亦可推算出基础利率,并由基础利率来表示无风险利率。

假设:基础利率为 3%,零息债券或复利债券利息总和为 34.4%/10

年,年度收益率约为 3.44%。10 年期零息债券或复利债券票面价为 100 元,如发行价为 64.4 元,如增信费用或风险利差为 10 元,零息债券或复利债券基础利率为 4.5%,年底收益率则为 5.53%。由此可见,零息债券或复利债券的 10 元增信费用或风险利差直接转移,或风险利差在零息债券或复利债券中得以展开而吸收了年度收益率的 2.09% 风险利差,从而零息债券或复利债券的融资成本得以大大降低,风险利差转移因此可以释放出巨大价值。

中国债市的无风险利率为 2.2%～2.8%,而欧洲则属于负利率资本市场,两个市场之间存在巨大的风险利差。如果仅以无风险利率为负利率债券的风险利差,假设风险利率为 2.5%,即可转化为 10 年期零息债券或复利债券的风险利差可达 20 元以上,不仅满足风险利差转移的 SP 增信所需价值,而且货币/资本也可具有基础利率(亦可称为复利债券的无风险利率产品),足以吸引欧洲主流资本投资由 SP 增信的零息债券或复利债券。

2. 时间跨越价值

对于基建融资或"三农"融资来说,项目建设时期与建成初期缺乏应有的项目现金流来支撑项目融资,特别是年度收益率的固收产品。不仅需要扩大初始融资规模,支付额外利息,提高融资成本,或者建设过程中再融资,再融资成本居高不下,而且往往难以再融资,导致项目"烂尾",甚至"破产"。零息债券则在 10 年以上期限内无需支付利息,项目融资一次到位,即使项目建成初期缺乏预计的项目现金流,也可以重置债券方式进行再融资,可以避免项目"烂尾",甚至"破产"。因此,零息债券在融资时间上为基建融资或"三农"融资提供了"时间跨越价值"。

同理,零息债券也为"全球两融"提供了这种"时间跨越价值"。因为在"全球两融"发行零息债券 10 年以上的存续期间,特别是融资初期购买基础资产以后的几年内,可能因随机违约率导致资产收益或现金流大幅下降,需要一定的调整期间来修复资产收益或现金流,最终在一定阶段后达到基础资产投资所预期的资产收益或现金流。

3. 时间累积价值

对于 SP 增信或权益增信机构来说,零息债券 10 年以上的存续期可带来"时间累积价值"。尽管基于违约率的风险定价或风险利差,及其转移所形成的增信资产或风险资产,可以通过交易定价进行确定,但是违约风险的随机性或者随机违约率,在时空分布上的不平衡、不匀均,却难以令人承受。尽管信用违约互换(CDS)几乎集合了全球所有高端数学人才进行设计定价模型,却因年度收益率与债券存续期间之间的根本矛盾,无法获得年度收益率债券的时间累积价值。因此,信用违约互换(CDS)最终只能选择消极增信而成为"衍生产品"。

零息债券在负利率时代取代年度收益率债券,选择理性的历史性回归,可为风险资产定价或者全新的定价模型提供时间累积价值,并通过批零机制与特殊目的价值管理机构,设计出 100% 风险覆盖率的数学模型,用来抵御随机违约率,由资产增信(零售业务)转化为权益增信(资管业务),将对增信对象或零息债券产生终极增信,完全可以取代美国国家主权信用担保。

第四节 资产管理

一、批发购买贷款资产

要实现特殊目的资管对金融资产/贷款资产/融资资产的全球定价权,或者获得以违约率为基础的风险定价及其价值反映的风险利差,应该配之以资产批零交易机制。作为特殊目的资管的"全球两融",其以批发购买金融资产/贷款资产/融资资产为前提。这是金融资产/贷款资产/融资资产作为广义概念范畴的风险资产,在资产管理的具体方式上,与同为风险资产的保险资产的区别,但与上一章中狭义概念范畴的风险利差转移所形成的增信资产/风险资产基本相同。

增信资产与贷款资产其实均是基于违约率的风险定价所形成的风险资产。在金融资产/贷款资产中,货币/资本的风险定价或风险运用成本(表现为风险利差),与货币/资本结合在一起,构成了贷款资产。如果货币/资本的风险定价或风险运用成本与货币/资本分离,则形成独立的增信资产。无论是贷款资产,还是增信资产,都是风险资产或金融资产。

如前所述,贷款资产或增信资产,与同为风险资产的保险资产在资产管理上有所不同。保险资产可以独立制造与独立管理,但贷款资产或增信资产却因资产违约风险的随机性质而使单个金融机构难以既制造又管理,否则无法承受随机违约风险。因此,只有资产批零机制与特殊目的资管机制相结合,才能真正抵御随机违约风险。

作为特殊目的资管机构的"全球两融",在贷款资产的批零机制中属于批发购买方。贷款资产被批发购买后,将成为"全球两融"名下资产池中的基础资产。作为特殊目的资管机构,"全球两融"不受资本杠杆限制,不属于一般金融机构;只是追求在资产负债表上反映资产盈利状况,而资产盈利状况最终将反映在"全球两融"股价上。

二、低成本融资

买入贷款资产——基建资产(FI)与个贷资产(FP)时,如果通过 SPV 方式进行买卖式 ABS,投资银行或资产管理人可以挣取一定的风险利差。资产管理机构也可以获得低成本资金(无论是贷款,还是发债)来开展资管式 ABS 业务。比如"美国两房",可以从美联储获得基准利率贷款,可以发行收益率与美国国债相差无几的"两房债"。直到现在,作为特殊目的资管,"美国两房"仍然是"全球孤版",因为没有一家资管机构可以获得如此低成本的资金,而且绝无资本杠杆限制。

如前所述,在负利率时代,基于 SP 增信的零息债券将理性地历史性回归,特殊目的资管及其资管机构获得低成本融资渠道则成为可能,而且完全不受美联储/中央银行的基准利率或者美国国债收益率的影响,可以独享基础资产的全球定价权。当资产数据达到一定规模后,随机风险都消失在基于违约率的风险定价或风险利差中,基于低成本融资与信贷资产之间的风险利差,将在作为特殊目的资管机构的"全球两融"中获得。基于股小资产大,些许正向利差将极大地提升"全球两融"的股价,并使"全球两融"的股权结构足以支持或增信债务结构,形成真正的"权益增信"。

三、形成权益增信

基建资产(FI)与个贷资产(FP),这两种贷款资产作为"全球两融"名下资产池中的基础资产,由"全球两融"对其进行资产管理,特殊目的在于获得风险利差,最终形成"全球两融"的权益增信,即作为资管型 ABS 的"全球两融",其股权结构能够支持或增信债务结构,无需融资型 ABS 或买卖型 ABS 所需要的所谓"外部增信"。

作为贷款资产,基建资产(FI)与个贷资产(FP)在"全球两融"名下资产池中,"全球两融"管理人通过大数据技术挖掘、处理资产风险,并获得风险利差;在"全球两融"的不同层级权益中进行有效分配风险利差,或者构成股权结构与债务结构,最终形成股权结构足够支持或增信债务结构的权益增信。

四、不受限于资产杠杆

由于"全球两融"不是制造金融资产或从事金融零售业务的金融机构,而是资产管理机构(AMC)。因此,作为资产管理机构,而且是特殊目的资管机构,应该不受资本杠杆限制;否则,无论是买卖型 ABS,还是资管型 ABS,包括"美国两房",都无法合法合规地存在与发展。

五、资产定价权

"全球两融"对作为基础资产的基建资产(FI)与个贷资产(FP)进行资

产管理,管理目标或特殊目的在于获得风险利差,即基于违约率的风险定价。一旦"全球两融"掌握了基建资产(FI)与个贷资产(FP)的风险定价,或者获得了风险利差,便对基础资产的基建资产(FI)与个贷资产(FP),拥有了资产定价权。

1. 批发购买及其形式要求

因基础资产或贷款资产的批发购买机制,零售金融机构一般会根据资产批发机构要求从事贷款资产零售业务或贷款资产制造业务,这就决定了资产批发机构对贷款资产零售业务的资产定价权;否则,不符合资产批发机构要求的贷款资产无法完成批发购买,意味着无法获得无风险套利收益,即从事金融零售业务的金融机构无法获利,而且还承担资产风险,这对于从事金融零售业务的金融机构来说是难以接受的,除了中国金融机构。

2. 批发定价及其市场定价

从事金融零售业务的金融机构,在完成贷款资产制造后,需要将贷款资产批发出售,才能获得风险利差而无需承担资产风险。因此,资产批零交易机制使得从事金融零售业务的金融机构可以获得无风险套利,又无需再受限于金融杠杆限制,加大资本周转率,金融零售机构据此可以大幅度提高经济效益。

当然,这个批发价格看上去是一个协商价格,其实却是由资产批发机构掌握了资产定价权,毕竟金融零售业务的金融机构从事的是无风险套利业务,无风险套利业务是每个金融机构心之所向。

3. 市场定价及其分享

即使以个人按揭贷款为基础资产的,或者掌握个人按揭贷款资产定价权的"美国两房",由于与美联储分享资产定价权,也无法推出北欧式的"负利率"按揭贷款。因此,"美国两房"对于个人按揭贷款的资产定价权,是受限于美联储的基准利率或美国国债利率,与美联储一起分享着对个人按揭贷款资产的全球定价权。

负利率的到来开启了无成本货币时代,扭曲为年度收益率的债券,必然向复利债券回归。在 SP 增信及其权益增信机构支持下,"全球两融"必然复制并最终取代"美国两房"。但与"美国两房"不同,"全球两融"不必与美联储/央行分享基础资产的全球定价权,而是独自享有。

第七章
资产定价权/全球定价权

特殊目的资管与全球定价权
——上海何以建成全球资管中心

第一节　货币理论与实践之争

一、货币及其成本

资产定价权/全球定价权,源于美元作为全球信用货币的主要代表,也是美元霸权的表现,即以美元定价的资产,不仅包括全球资本市场上各种金融产品的定价权,如美股、美债、美基及其衍生产品(CDS 或 CDS index),而且包括国际大宗产品的定价权,如石油(无论是期货,还是现货)等资产。其实,各个国家均具有各自的资产定价权,只是各个国家货币政策或外汇政策的开放程度不同,表现出的资产定价权各有不同,甚至相同资产具有不同的资产定价权。可见,资产定价权其实源于货币的国际化,货币国际化程度越高,资产定价权就越可获得全球定价权。在当今国际货币体系中,凡以美元定价的资产,无论是大宗商品,还是金融资产,均可流通于全球各个资本市场。因此,这些资产定价权都具有全球定价权。

尽管布林顿森林条约关于"美元以黄金为基础"的金本位货币体系已经

终止半个世纪了,但是美元霸权却支撑着当今世界的信用货币体系,实际上起到黄金的"信用锚"作用,即全球货币体系的基础货币。众所周知,货币成本或货币价格来自"信用之锚",货币可以"锚"于黄金或白银,也可以"锚"其他物品,比如过去世界各个民族将其稀罕物品作为货币。一般来说,货币"锚"于黄金的,为金本位制;货币"锚"于白银的,为银本位制;货币"锚"于黄金与白银的,为金银双本位制。金银成色决定货币是否为"硬通货",如何确定金银成色,又是货币"硬通货"的关键。20世纪前的好几个世纪,才华横溢的伟大科学家牛顿爵士竟然为大英帝国铸币厂厂长,其所研制的英镑,流通于全球货币交易市场与金融市场,成为全球货币的"硬通货"。

货币所"锚"的物品或金银均有成本,因此货币具有成本,此为成本货币论的客观基础,成本货币时代便在国际资本市场上悄然而至。当货币出借或进行融资时,就要计算货币成本,否则出借货币或融资行为将难以正常开展。现行国际金融体系都是建立在成本货币概念的基础上,包括古老机构定价或现代市场定价的国际金融体系。当然,负利率时代的到来,不仅破局了现行国际金融体系,而且也揭露了作为现代信用货币的"硬通货"或者"美元霸权"所编织的"美丽谎言"。"美元霸权"横行于其所支撑的国际金融体系已达半个世纪之久,无论是所谓的"基准利率",还是无风险利率产品,抑或是以扭曲形态出现的年度收益率债券及其他固收产品。

自1971年开始,布林顿森林体系已经分崩离析,美元与黄金分离而成为纯粹信用货币,并建立了以美元为基础货币的全球信用货币体系。直至今日,信用货币是否还属于成本货币,这一疑问只是笔者于2020年所出版的《风险利差的价值管理》一书中才正式提出。信用货币,除了可以忽略不计的印刷成本,几乎没有任何成本;95%以上的信用货币为M2,连印刷成本都不存在;M1则不到信用货币的5%。应该说,纯粹的信用货币已经跨出了成本货币时代,迈入了无成本货币时代。但是,半个世纪以来,美元作为全球信用货币体系的基础货币,以各种名义获得的所谓"成本"收入,无论是基准利率,还是无风险利率,作为每年具有6%红利分配的私人合股机构的美联储,应该对世界各国央行,以及全球资本市场上的每个金融机构,有一个书面交代。50年的"美丽谎言",究竟产生多少利润,薅了全球多少羊毛?

二、"通胀与就业"理论之争

从1971年开启的黄金与美元分离后的信用货币时代,其实就是无成本货币时代。因基于私人合股机构的美联储利益,美元作为国际信用货币体系的基础货币,直至今日美联储都不愿承认"负利率"或无成本货币,或者还没准备好承认"负利率"或无成本货币,希望找到一个美联储可以接受的货币理论,否则美联储可能难以为继。无论如何,现行信用货币理论均以美联储御用学者的"通胀"或"就业"这两个理论为主导,为信用货币时代可以沿袭"成本货币"提供理论基础。

1973年全球爆发的石油危机,给美国带来了长期滞胀。美联储不管用什么货币政策,如何进行市场操作,似乎都于事无补。美国经济学界因此开始了广泛争议,著名学者弗里德曼的"货币主义"或基于通胀的成本货币理论应运而生。这种货币主义基本原理是,美国通胀根源在于美联储超发美元。"通货膨胀在任何地方都是货币现象。"弗里德曼的这句话否定了通胀只是成本现象、只是价格现象的观点,直接将通胀责任归咎于美联储,并为美元在1971年开启信用货币时代后继续成为成本货币提供了理论基础。

美联储一直希望独立于美国政府,但是缺乏明确的政策目标与操作手册,与美国政府是相互依赖的关系。20世纪60年代,为了实施大社会法案,约翰逊政府借债频繁且巨大,弗里德曼则指责美联储已成为美国联邦政府的融资工具,应该坚决放弃利率目标,维持币值稳定,减少美元发行总量。由于美联储采取了弗里德曼的货币主义,美国于1982年开始进入了通胀大缓和时代。在国际上,澳大利亚、加拿大、欧洲等国家和地区的央行跟随新西兰央行,率先以控制通胀率作为央行的唯一目标。从此,弗里德曼的货币超发与通货膨胀相关的货币主义理论在世界各国得以大行其道。弗里德曼于20世纪70年代所主导的货币主义成为全球货币主流思想:"通胀即货币超发"。美联储当任主席沃尔克严控货币数量,将控制通胀为主要目标。

第七章
资产定价权/全球定价权

被称为"经济沙皇"的格林斯潘执掌美联储长达18年,他既不是货币自由主义者,也不是凯恩斯主义者,却更像一个货币权力主义者。格林斯潘保持了美联储的独立性,并将美联储塑造成了新的权力中心。美联储成为资本市场上,无论是货币市场还是利率市场抑或是债券市场的一位握有大权的热情交易者。格林斯潘习惯于在通胀、财政赤字及金融市场稳定之间"弹钢琴",热衷于发挥货币权的"核弹"威力。

美联储于2008年美国次贷危机爆发后开始更加倾向于就业目标。芝加哥联储主席伊文思于次贷危机3年后提出,通胀预期低于3%,失业率却高于7%,近似零利率政策就可维持。可见,美联储将以就业目标为根本、以通胀目标为参考(通胀在可容许范围内)。新任美联储主席鲍威尔于2020年8月发表《长期目标和货币政策策略声明》,更大程度上对通胀放宽了容忍度,从根本上将"就业"优先于"通胀"。目前,这种新凯恩斯主义主导着全球货币主流思想:"通胀源自货币信用资产崩盘"。也就是说,美元回归信用货币本质,只要美元/美债信用可以持续,发钞/发债均可接受通胀预期;只要支持美国充分就业,便可服务于美国民主选票,服务于当选总统的政治需要。

从央行权力与学术思想等方面清算沃尔克与弗里德曼,美联储须在负利率时代所形成的高债务、高通胀中进行货币政策博弈。在现行美元霸权支撑的全球货币体系下,货币主管机构或央行一方面均为政府机构,却又市场参与主体或利率批发部门;另一方面政府机构参与市场交易,却又成为最为重要的货币供应者。美联储据此完成了从"最后贷款人"到"最后买家"的角色转变,并将从理论思想到美元权力,再到政治权势,最终形成全方位货币权力的"美元霸权"。

从"通胀"的利率成本(基准利率/无风险利率)走向"就业"货币成本(货币超发),其实只是各个金融学者的不同研究,及其运用于货币政策的表现。从根本上讲,在负利率时代,作为信用货币的美元,因防止或控制"通胀"而需要利率成本(基准利率/无风险利率),仅为"美丽谎言",因为货币超发对"通胀"产生的影响非常有限。

其实,通胀产生于20世纪七八十年代,一方面基于"订单生产"与"配套生产",又基于东、西方两大阵营水火不相容,而且生产与供应相对"死板",生产消费信息不畅等情况。另一方面,只要利率降低,贷款增长或M2扩张,因为资金不会马上进入生产领域,不会产生更多的供应,因此通胀随着低利率脚步而来。但是,当今已进入信息时代,生产与供应的信息非常透明,生产能力不会完全满负荷运行,而且生产能力投资速度非常快捷,发展中国家和地区经济与生产能力也正在崛起。因此,任何利率下降所推动的M2扩张都不会导致通胀,即使货币超发(远大于利率下降的作用),也难以导致通胀。可见,美联储及其金融学者也不想给全球货币市场一个真实交代,他们以"就业"替代"通胀",成为新的货币理论基础,以此作为"幌子",可以瞒天过海,继续实行成本货币的"美元霸权"政策,这是完全符合美联储及其股东的最大利益,直至美联储及其股东再创造新的"美丽谎言"。

第二节 不同类型

一、传统机构定价

尽管自古至今世上主要宗教均痛恨"高利贷",除了东方佛教没有涉及,货币/资本的放贷行为就一直存在。放贷行为专业化为"融资行为";放贷行业或者从事融资行为的行业或企业,则称为所谓的"金融行业"或"金融机构"。由于货币资本及其风险运用均具有成本,金融机构融资行为所形成的金融资产/贷款资产的资产成本构成因素主要包括两个部分:一是货币/资本的自身成本,即基于时间成本的货币/资本所形成的无风险利率或基准利率,这个资产定价权掌握在美联储/中央银行手中;二是货币/资本的风险,在不同风险贷款对象与不同风险贷款周期中,可能因贷款违约率不同而形成不同的风险定价或风险利差,在时间成本条件下转化为可以包含无风险利率的风险利率。无风险利率或基准利率加上风险利率,则为贷款资产/融资资产/固收资产等各种名义的金融资产。这个资产定价权掌握在从事融资业务的金融机构手中,无论是传统机构定价的金融体系,还是现代市场定价的金融体系。

金融机构与美联储/中央银行所掌握的资产定价权不同,金融机构只拥有资产的零售定价权,美联储/中央银行却拥有资产的批发定价权,而且零售定价权取决于批发定价权。因此,所谓传统机构定价的金融体系就是以美联储/中央银行为主导的基准利率,加上金融机构进行资产定价的风险利率,并以间接融资为特征的金融体系。所谓现代市场定价的金融体系,就是以到期国债或无风险利率,加上市场化的风险利率,并以间接融资为基础、直接融资为特征的金融体系。

1. 无风险利率或基准利率

构成贷款资产或融资资产等各种名义的金融资产或者一切固收资产成本的,是货币/资本自身及其时间成本。比如,金本位或金银本位制度下的货币,属于成本货币;货币/资本所基于的黄金或金银,具有生产与交易成本;自古以来,或者直至负利率时代,货币/资本具有成本,或者时间成本,即货币/资本按时计息,表现为年度收益率(ARR)形式的融资资产或固收资产;最可体现货币/资本的成本的,就是银行存款的利息,即使商业银行信用再好,存款利息也是必须的。

货币/资本的时间成本在贷款资产的成本构成中表现为基准利率,基准利率并不直接表现为贷款利率,而是构成之一。只有在商业银行之间,或者与美联储/央行之间的一级利率市场,或者在央行利率批发市场上,基准利率才作为交易对象。但在债券资产或固收资产中却表现为无风险利率(产品),比如经CDS增信的债券可视为无风险利率(产品),即使国债也是如此。但无风险利率(产品),可以构成债券的成本价格,也可独立为无风险利率产品,即经CDS增信的债券或3个月内的到期国债。

2. 风险利率

货币/资本自身是有时间成本的,这并不包括具体风险运用成本,比如,运用于不同信用等级的人,甚至无信用等级的人。因此,货币/资本在运用中还存在风险运用成本或风险对象运用成本,并与货币/资本自身成本一起构成了贷款资产或固收资产的成本,构成了年度收益率形式的债券资产或固收资产的成本。这个风险运用成本就是基于违约率的风险定价或信用理论所谓基于信用主体的信用定价,在资产价值上反映为风险利差或信用利差,在时间成本上可计算为风险利率。

由于货币/资本时间成本化为基准利率或无风险利率,风险利差也时间成本化为风险利率。相对于无风险利率,这个风险利率却包含了无风险利率的风险利差,或者称为风险利差的时间成本。因此,债券资产或固收产品名义上是由无风险利率与风险利差构成,实际上是由包含了无风险利率的风险利率构成,由此形成了所谓年度收益率(ARR)形式的债券资产或固收资产。不仅如此,这个风险利率可能是机构定价的信贷资产,也可能是市场定价的债券等固收产品,两者可能形成完全不同价格的金融资产。但是,无论是机构定价的信贷资产,还是市场定价的债券等固收产品,两者所基于的无风险利率或基准利率却基本相同。由此可见,所谓的现代市场定价,只是对传统机构定价的补充与完善,或者与传统机构定价分享资产定价权,当然仅限于零售市场。

综上,无论是贷款资产或债券资产,还是融资资产或金融资产,抑或是一切固收资产,都属于风险利率产品,属于金融机构基于零售业务与融资者/产品发行人所形成的金融零售资产。基准利率或无风险利率(产品)则是金融机构之间,或者金融机构与美联储/央行(作为市场主体)之间的利率批发业务所形成的金融批发资产。因此,金融资产的全球定价权由此而生。

3. 资产定价权

尽管金融零售机构对于固收资产或风险利率产品在风险利率上具有资产定价权,无论是银行贷款,还是发行债券。但是,由于众多金融零售机构的激烈竞争,拥有较低资金成本的金融零售机构在资产定价上更具竞争力,较高资金成本的金融零售机构在资产定价上则会逐渐出局。从实质意义上讲,握有基准利率的美联储/中央银行,才具有最终的资产定价权或全球定价权。

美联储/中央银行通过基准利率与金融零售机构一起构成了古老机构

定价或间接融资的金融体系,掌握了这个金融体系的资产定价权或全球定价权。任何市场化定价的金融产品,无论是债券,还是资产证券化产品(ABS),虽可视为对美联储/中央银行这个古老金融体系的挑战,其实也只是与美联储/中央银行分享资产定价权。直至今日,任何市场化定价的金融产品,仅仅是挑战而已,并非取代。因为经市场化定价的增信资产以及经增信的债券转化为无风险利率(产品),仍然无法脱离基准利率的约束,即使"美国两房"以其名下资产池中的资产数据所形成的风险利差,对按揭资产进行市场化的风险定价,并决定着全球发达国家和地区的按揭资产定价,仍然只是对美联储/中央银行的资产定价权的补充,只是基准利率的市场化表现,并形成了现代市场定价模式。

二、现代市场定价

1. 补充机构定价

以美联储/中央银行的基准利率所形成的机构定价或间接融资的金融体系,几个世纪以来掌握着这个金融体系的资产定价权或全球定价权。尽管市场化定价的金融产品或利率产品层出不穷,从一般债券,到证券化产品,再到结构融资产品,进一步又衍生出优先股、可转换债券、次级债(CDS)等。但是,这些市场化定价的金融产品或利率产品,却离不开美联储/中央银行的基准利率,并随着基准利率而上下波动,形成所谓的无风险利率。美联储/中央银行的权力如日中天,即使美国及/或其他国家的中央政府也难以驾驭美联储/中央银行,难以制约美联储/中央银行的资产定价权。

债券,应该称为金融资产/贷款资产的产品化,是现代市场定价或直接融资的金融机制,属于现代市场定价模式。但是,债券的市场化定价其实仅仅在风险利率或者金融零售业务方面。在零售金融业务定价方面改由市场化定价,并不涉及基准利率或无风险利率等金融批发业务。尽管债券的市场化定价对机构定价或间接融资为主的金融体系构成了挑战,但也只是对美联储/中央银行主导的资产定价权或全球定价权的一个必要补充。

尽管美国金融界创造了增信产品,无论是金融担保(FG),还是信用违约互换(CDS),可以使风险债券转化为无风险利率产品,风险利差转移可以取代美国国家(主权信用)担保,或者市场化交易的增信产品可以取代美国国家(主权信用)担保。但是,经市场化定价的增信,及其增信的债券,也只转化为无风险利率(产品),是美联储/中央银行基准利率的债券表现形式。而且,其基于债券的年度收益率形式——风险利差也因时间成本而变异,或者风险利差的负数表现,使得消极增信CDS取代了积极增信的金融担保(FG),使完全基于年度收益率债券的增信定价更难以准确,CDS于是便转化为消极增信的衍生产品。

2. "美国两房"与按揭资产定价权

"美国两房"以其数千万个按揭资产数据获得风险利差,并对按揭资产具有相应资产定价权,尽管按揭资产基于个人信用而尚未具备信用等级。但是,作为特殊目的资管,"美国两房"在获得低成本资金上,仍然完全依赖于美联储,依赖于美国国家主权信用;否则,"美国两房"也不会成为全球"孤版",成为美联储/中央银行基准利率的市场化体现,构成对美联储/中央银行基准利率的重要补充,执掌着按揭资产的全球定价权。

"全球两融"将要复制"美国两房",并终将取代"美国两房"。尽管"美国两房"为特殊目的资管机构,属于特殊目的资管,但在以年度收益率债券(固收产品)为特征的国际金融体系中,或者在成本货币/资本为特征的时代,其实都是属于以美联储为首的世界各国央行及其掌握资产定价权为主导的国际金融体系,属于以古老机构定价或间接融资为主的国际金融体系。但是,这个传统国际金融体系却挡不住现代市场定价的脚步,无论是利率市场化的债券(直接融资或资产产品化),还是资产资本化(ABS),最终都走向了与美联储/中央银行分享资产定价权的特殊目的资管或者资管型ABS。

随着金融资产进入资本市场,直接融资比例不断上升,促进了利率市场化。在目前国际金融体系中,任何利率市场化或资产资本化,无论是产品化的债券,还是证券化的ABS,都属于现代市场定价。没有办法进行信用评级的个贷资产或按揭资产,并不具有任何信用等级,却可在特殊目的资管"美国两房"及其名下资产池中运用现代大数据技术,替代了传统的信用评级,寻求并获得了基于资产违约率的风险定价,可为不具有任何信用等级的按揭资产进行市场定价,或者使得按揭资产得以进行资产定价。不仅如此,以按揭资产为基础资产的"美国两房",因掌握了按揭资产的风险定价而获得全球资产定价权,据此可以获得与美国国债(美国国家主权信用)几乎相同的信用等级,这可从"两房债"只比美国国债收益率高 15～25 bp 这一数据中得到证实。尽管"美国两房"是利率市场化或资产资本化的典范,却受限于美联储的基准利率或美国国债收益率,无论是美联储给予"美国两房"的基准利率贷款,还是以无风险利率为基础的美国国债收益率。反之,也正是因为基准利率贷款以及近似于美国国债收益率的"两房债","美国两房"的这种低成本融资方式成为特殊目的资管的"独行侠",或者资管型 ABS 的"全球孤版"。

因此,"美国两房"体现了美国式的政治经济学。"美国两房"对按揭资产的全球资产定价权或市场定价权,尽管挑战着以美联储/中央银行所掌握的资产定价权或机构定价,其实只是与以美联储为首的世界各国央行分享金融资产全球定价权。也就是说,美联储/中央银行通过间接融资或机构定价,以及三大国际评级机构掌握着最终的资产定价权或者所有金融资产的全球定价权,"美国两房"只是作为补充,与美联储/中央银行分享着按揭资产的全球定价权,尽管形式上与美联储/中央银行形成分庭抗礼,好似独占着按揭资产的全球定价权。

三、完全市场定价

自 1971 年布林顿森林体系关于黄金美元挂钩终止后,信用货币时代悄然来临。尽管信用货币没有成本,但美联储/中央银行却以通胀为由,以所谓的基准利率及其无风险利率作为美元成本,在全球货币市场上"薅羊毛"。随着负利率时代的来临,纯粹信用货币时代必将成为历史,成本货币即将结束,但很多美联储/中央银行御用学者却认为负利率是暂时现象,只是"就业"政策工具,并以"就业"概念替代"通胀"概念。这种理论与观点不仅掩饰了美联储/中央银行在信用货币时代仍然盛行成本货币,并且掩饰了发行基准利率的货币/美元可给美联储/中央银行带来利润的这一"弥天大谎"。即使在今天,他们仍以"就业"概念偷换"通胀"概念,掩盖信用货币没有成本这一客观事实。如果美联储/中央银行以基准利率形式获得的美元收益的方式彻底消失,那么,私人性质的美联储将何去何从,令人拭目以待。

没有成本的货币,只剩风险运用成本,即基于违约率的风险定价或风险利差,债券等固收资产的年度收益率形式将向零息债券或复利债券转化。那么,风险利差的转移使具有基础利率的复利债券向零息债券或负利率债券转化,或者转化为具有些许风险利差的无风险利率产品。风险利差转移的SP增信将彻底取代信用定价或信用交易的CT增信,在零息债券的时空概念下,风险利差转移所形成的权益增信机构或风险利差价值管理机构等特殊目的资管将对零息债券进行终极增信,彻底取代美国国家(主权信用)担保。

负利率债券只是零息债券的特殊形式,即基础利率为负的零息债券。基础利率其实是风险利差,只是算法不同。因此,基础利率或风险利差为零的债券,称为零息债券;基础利率或风险利差为正的债券,称为复利债券;基础利率或风险利差为负的债券,称为负利率债券。由此可见,失去成本货币,以美联储/中央银行为主导的传统机构定价逐渐消失了,直接融资将替代间接融资,金融资产/固收资产价格或定价则完全基于风险利差,即基于违约率的风险定价,这就是完全市场定价。

特殊目的资管机构的权益增信,无论是基础资产为信贷资产或固收资产,还是风险利差转移所形成的增信资产或风险资产,既可为"全球两融"所拥有,亦可为权益增信所拥有,它们都是完全基于市场化交易所决定的股权结构支持/增信债务结构,与传统机构定价模式彻底脱离并形成了完全市场定价模式,并且是一种仅仅基于市场交易信用的完全市场定价模式。权益增信是对基础资产的终极增信,无论基础资产是基建资产,还是个贷资产,甚至是增信资产,抑或是这些全部风险资产。据此,权益增信机构对基础资产掌控着资产定价权,就全球金融体系来说,就是主要金融资产的全球定价权。

第八章
负利率时代的国际金融体系

特殊目的资管与全球定价权
——上海何以建成全球资管中心

第一节 现行国际金融体系大变局

一、"美元霸权"及其内在矛盾

美国国家主权信用(NSC),辅之于美国国家标准委员会通过的三大评级机构的信用评级体系,创造了以美元霸权(Top Chips)为基础的国际金融体系或资本市场。但是,国家主权信用却只是"美元霸权"的神话,并非适合所有国家。目前世界上大多数国家和地区的货币市场、金融市场与资本市场,要么没有独立存在的必要,要么仅为以"美元霸权"为支撑的国际金融体系或资本市场的分支,抑或与国际金融体系或资本市场隔离,实行外汇与资本项下的行政管制。

国家主权信用理论明显存在着不可调和的内在矛盾。首先,尽管绝大多数国家主权信用也可以创造或支撑起各个国家和地区的货币市场、金融市场与资本市场,却很难具有最高信用等级,国家货币因此只能沦落为美元的"兑换券"。其次,绝大多数国家主权信用所支持的国债,在国际资本市场上可能没有这些国家的国际财团的信用等级高,甚至可能还不如其国内某一资本机构债券的信用等级。比如,在国际资本市场上,中国国家主权信用只有A或A+,比中国工商银行或阿里巴巴的信用等级(2A-)还低。最后,增信产品或衍生产品(CDS)也可支持或创造无风险利率产品,可以取代国家主权信用担保。但是,增信产品或衍生产品(CDS)只是通过"柜台"交易,并掌握在极少数以美国为首的全球金融资本机构手中。直至2017年,全球400多万亿美元的所谓CDS资产是由国际著名前十大金融机构持有。但是,"宇宙大行"——中国工商银行,以及其他世界排名前列的中国各个银行却并不在其中。

实际上,国家主权信用存在令人难堪的矛盾现象。这种矛盾现象不仅导致一国金融机构或企业集团在金融方面或融资方面更多地依赖国际资本和全球市场,而不是依赖于一国内部的金融体系与资本市场,并且,还进一步激化了一国内部的一级资金或利率批发市场或无风险利率(RFRI)市场的内在矛盾。如果一国金融机构或企业集团的国际融资成本低于一国内部的资金或利率批发市场,其必然不会参与或积极参与一国内部的资金或利率批发市场,可能导致一国金融政策或金融工具的失灵或效率低下。虽然一国的国家主权信用可以创造货币,却只是在一国内部的资金市场或利率市场上可以偿还本币所有债务而不会产生违约现象,但绝不是在国际资本市场或利率市场上。

尽管如此,在一些国家或地区或者一些民族部落,特别是对于一些自认为头脑发达的"政治家"或野心家来说,政治是最大的生意!只要掌握了一国的国家政权,便认为可以拥有国家主权信用,可以拥有印钞权。因此,对于一小撮野心家来说,无论合法非法,也无论武力与否,或者凭借欺世盗名的所谓政治理论,争夺国家政权是无本买卖或者一本万利,即使风险再大,头可断血可流,也在所不惜。犹如马克思所说,只要有300%的利润,人们可将任何风险置于脑后而勇往直前。也许,这种落后自私的政治理念正好符合了"美元霸权"的顶层设计,成为维护和巩固"美元霸权"的必要因素。从这个理性角度看,在非发达国家和地区,各种区域内部武装冲突或者国内政变,均为了掌握或夺取政权,为了所谓"印钞权"。因此,这些非发达国家和地区从而又沦落为信用最差的国家和地区。这种恶性循环也正好符合了所谓国家信用理论,及"美元霸权"所需的现实条件。

美联储及其数百个银行成员机构,构成了美国的一级资金或利率批发市场,或者称为基准利率(Prime Interest)市场或无风险利率(RFRI)市场,这也是全球性的资本市场或利率市场。美联储与美国财政部先通过美国国债及基准利率对无风险利率市场的各个成员批发美元资产或利率资产;然后再由各个成员在全球资本市场上完成零售业务,目标是维护和扩大"美元霸权"。无论是美国国债,还是美国金融机构债券,抑或是美国企业集团债券,均可为最高信用等级;反之,哪怕是一国国家的债券,其信用等级也可能是垃圾级,或者是很低的信用等级,特别是非发达国家和地区的信用等级更低或融资成本更高,两者是不可同日而语的。

美国的金融政策与金融工具,对于非发达国家和地区来说,只要通过个别金融机构和企业集团的零售业务就可以实现,根本无需美国国家金融监管机构出面解决。因此,美国金融机构和企业集团可以凌驾于非发达国家的金融监管机构之上,对非发达国家的资本市场发号施令。反之,对于非发达国家和地区而言,国家主权信用在国内资本市场上是属于最高信用等级;但它相对于一国国家主权信用的替代品,在国际著名金融机构手中的信用违约互换(CDS)来说信用等级是较低的,这就显得非常矛盾。由于在非发达国家中有些金融机构和企业集团信用等级与国家主权信用一样,甚至超过后者。国际著名金融机构以CDS增信的债券或固收产品,同样可以成为无风险利率产品,如同到期国债。无风险利率产品在国内资本市场上的定价却远高于国际资本市场,但到期国债作为无风险利率产品在这两个市场上的表现却是一致的。

对于选举产生的,需要对选民负责的行政管理者来说,当经济发展时,社会财富得以壮大,发行相应货币以适应社会经济发展,无可厚非。但是,当经济发展受挫时,或者社会财富萎缩时,选择超发货币——"金融懒政"则是当届政府最好的选择,因为这样既可在短期内对选民负责,又可摆脱经济危机带来的社会矛盾激化。就目前全球政府来说,货币超发,则是应对社会危机与经济发展困境的最佳手段。无论是美国,还是欧盟,抑或是日本,基于国家主权信用,货币超发不可避免,中国更是每年按 14% 速度超发人民币。由于原来超发货币所产生的通胀预期并未发生,各个发达国家和地区却迅速投入了负利率怀抱,祸福相依却势不可挡。

二、金融革命年: 2009 年

2009 年,是对国家主权信用真正挑战的第一年,是金融实践挑战的元年,也就是全球金融革命年。在这个伟大的革命年代,因理性而进化的人类,以"三支利箭"直接射向以美国为代表的国家主权信用所唯系存在与发展的命门,令美国国家主权信用难以抗拒,甚至面目全非。2009 年的金融革命年,完全基于 2008 年美国金融危机及其救市措施,及其所导致的美国国家主权信用在全球资本市场上的"原形毕露"。

所谓"三支利箭",便是虚拟货币、负利率与"改革版 CDS"。风险利差及其转移(Spread Parted, SP),综合了前述"三支利箭"的各个特征,以市场交易信用支持(尽管形式上还是信用交易),在无成本货币/资本的负利率时代,正逐渐侵蚀或替代着美国国家主权信用,即将支撑起一个崭新的国际金融体系。可以预言,在未来 10 年内,利差管理或 SP 增信将直击美国国家主权信用与"美元霸权",必然导致现行国际金融体系和资本市场分崩离析,当然,作为纯粹信用货币的美元也必然无法逃脱"一甲子"命运。

1. 虚拟货币及其他

对美国国家主权信用或"美元霸权"发起挑战的,首推于 2009 年 1 月 5 日正式诞生的比特币(Bitcoin)。比特币是一种无形的加密虚拟货币,点对点的传输意味着一个去中心化的支付系统。与法定货币不同,比特币没有国家主权信用支持,也没有国家特定的货币发行机构,摆脱了国家主权信用支持改由市场信用支持,对国家主权货币构成了首次冲击波。据此,巴菲特,甚至罗斯柴尔德家族认为,比特币是"数字黄金"而投资灰度基金。

但是,比特币作为一种虚拟货币,应归属于横向的多维空间,而不是属地的单维世界。因此,比特币及以其为基础货币的虚拟货币,应该更注重场景应用,而非本身价值或变身另类 IPO,甚至为强盗时代的"维京币"。当然,这种人类弱点的历史表现形式的"维京币",只是虚拟货币初级阶段的必然产物。据此,作为虚拟货币的代表,比特币及以其为基础货币的虚拟货币体系,如能找到最大的应用场景,定会别有洞天。

与比特币具有同等影响力的,当属"利不拉"(Libra)。"利不拉"是不追求对美元汇率稳定,而追求实际购买力相对稳定的一种加密数字货币。作为虚拟货币,"利不拉"首现于脸书公司于 2019 年 6 月 18 日所发布的"利不拉"白皮书,最初将由美元、英镑、欧元和日元 4 种法定货币所计价的一篮子低波动性货币资产作为抵押物,并与一篮子货币的存款或政府债券挂钩。"利不拉"的强烈愿景是,集稳定性、低通胀、全球普遍接受和可互换性于一体,推行所谓金融普惠,主打支付和跨境汇款,最终成为全球数字货币。

作为全球虚拟货币,"利不拉"有潜力向脸书公司既有的 24 亿用户群开放,促使他们在全球范围内采用"利不拉"开展交易。"利不拉"只是全球首家大型网络巨头发起的虚拟币,其他大型金融科技企业,包括 Visa、Mastercard、Paypal、Uber 等机构都已参与其中。可以预计,基于脸书公司在全球拥有 24 亿用户基础,"利不拉"的推广速度不会亚于微信春晚摇红包的推广速度。

其实,"利不拉"至多配之于脸书公司的 24 亿用户群,所形成的是与法定货币挂钩的支付币,相当于在国际支付领域取代了几十年的 SWIFT,并以 SWIFT 名义发行基于法定货币的清算货币或数字货币,或者在国内个人支付领域取代 PayPal。就"利不拉"本身来说,它并不具有货币特性或者货币的金融逻辑基础,这是"利不拉"作为虚拟货币的最大死角。可以判断,在未来的虚拟货币中,"利不拉"并不是比特币的替代品,也不可能战胜比特币。"利不拉"在市场竞争中也许只是昙花一现,甚至不排除它是有意引导虚拟货币走向歧途的幕后操纵者。

数字货币(Digital Currency,DIGICCY)欲将虚拟货币纳入其所谓的"势力范围",并企图包容或取代以比特币为代表的虚拟货币。数字货币只改变了法定货币的物理形态,并未改变法定货币的本质,即属于国家主权信用支持的货币(简称"法定货币")。在以比特币为代表的虚拟货币强烈挑战之下,法定货币技术拥护者便世故地抛出了数字货币,以混淆虚拟货币"浑而渔利"。

数字货币仅以物理形态改变法定货币,在现代货币历史上已经不是第一次了。电子货币其实早已于 20 世纪 70 年代推出,率先取代了作为国际清算货币的大额美元。现在欧盟、日本、中国等国家和地区开发数字货币,只是希望削弱美元霸权,或者取代 SWIFT,却并不想对法定货币进行"革命",或者根本无意"革"国家主权信用之"命"。

数字货币决不会摆脱法定货币的历史命运,也不可能取代以比特币为代表的虚拟货币,只是对美元霸权发起了强烈挑战,希望改变近半个世纪来的以美国国家主权信用为基础的全球金融体系和资本市场。无论是以比特币为代表的虚拟货币,还是基于法定货币的支付兑换币"利不拉",抑或本身就是法定货币的物理替代币"数字货币",均反映了主体信用或国家主权信用作为全球金融体系和资本市场的信用基础的时代即将终结,这是大概率的不可逆转的历史进程。

2. 负利率

2009 年负利率率先在瑞典产生,欧盟于 2014 年、日本于 2016 年也相继推出负利率,尽管美联储于 2019 年承认美国基准利率正在接近负利率,却还未正式承认负利率,中国财政部也于 2020 年 11 月在欧盟发行了负利率国债,尽管中国一直不承认负利率。直至今日,大部分发达国家所拥有全球统一的金融体系与资本市场已经迈入了负利率时代,负利率时代实际上已经开启达 12 年之久。在 2009 年以来的 12 年里,全球大部分金融学家,包括中国金融业界与金融学界,均认为负利率是暂时的、有条件的,并据此断定负利率会很快消失。美联储尽管一直静观其变,却不想一等就是 10 年,于 2019 年也不得不宣称其利率"接近负利率"。

负利率时代的来临,国家主权信用的法定货币不再具有成本,美联储/中央银行再也无法以所谓"通胀"理由使纯粹信用货币成为成本货币/资本。

基于2008年美国超发美元拯救金融危机也不会产生"通胀",那么无成本货币或者利率极低或为零的货币,同样也应该不会产生"通胀"。因此,成本货币论已成为墙上历史,尽管中国央行,或者中国整个金融业界或金融学界,仍然按照美国教条主义的成本货币论进行"八股文"式的抵制,其实也于事无补。

负利率时代的国际金融体系将发生重大变化,以美联储/中央银行为主导的传统机构定价将彻底让位于完全市场定价。负利率时代的信用货币与金融产品将得以重大变革,包括成本货币调整为无成本货币(资本),去中心化、去主权化的比特币或虚拟货币,将与主权货币分享全球货币市场与国际资本市场。无风险利率产品调整为负利率产品或零息产品,风险债券将调整为广义的零息债券。由CT增信所演绎的机构增信(FG)与增信产品(CDS)将被SP增信所取代,SP增信将重新确立风险资产批零交易机制及其价值管理的权益增信,并作为终极增信取代美国国家主权信用担保,权益增信的完全市场定价与美联储/中央银行的传统机构定价在前期可能分享着金融资产的全球定价权,但最终将取而代之,这是货币历史健康而理性发展的必然。

零息债券将理性地回归,且与SP增信所形成的权益增信并存,债券市场或固收市场也将不断完善。这个进程首先是以无风险利率产品为基础,包括国债与权益增信支持的零息债券及其他固收产品;其次以固收产品风险对冲为主调,包括风险利差转移所形成的SP增信及其支持并增信的固收产品;最后是直接投资固收产品,包括专业投资者以其特殊专业进行量化投资或者对冲基金式投资。作为资产零售的金融机构,与批发购买的资管机构,以及投资全球大资管项下所有产品的投资机构一起,在全球资本市场上各得其所,各司其职。

3. "改革版CDS"

基于信用等级并对其进行信用定价的风险利差,及其与信用等级的定价关系中,通过信用违约互换(CDS)及其定价模型(CDS spread)为标的资产进行增信,使其成为增信的价值基础,并在国家主权信用取代方面取得同等担保效果,即债券或固收产品经增信,可转化为无风险利率产品(RFRI),如同到期国债,这就是信用定价及其信用交易的 CT 增信。由此看来,增信产品俨然成为国家主权信用担保的替代品,并以此确立了增信产品(CDS)在全球金融体系和资本市场上的信用地位。但是,如前所述,高达 400 万亿美元以上的增信产品(CDS)却仅为极少数国际顶级金融机构所拥有,中国的"宇宙大行"并不在列。

但是,基于信用违约互换(CDS)沿袭了金融担保(FG)的信用担保或信用交易模式,属于信用交易的 CT 增信。风险利差只是作为信用交易定价而转移,信用违约互换必将产生可以引爆如 2008 年美国金融危机的交易对手风险。而且,风险利差作为增信的定价或价值基础,也难以真正抵御随机违约率,因此有可能使信用违约互换卖方或交易对手成为最后担保人而承担无限责任。信用违约互换的交易对手风险极可能引爆或形成金融机构系统风险,2008 年美国金融危机便是活生生的实践证明。

鉴于 2008 年美国金融危机,2009 年"G20"财长会议决定重新检视信用违约互换这种衍生产品。国际掉期与衍生工具协会(ISDA)于 2009 年提出了改革版的信用违约互换(以下简称"改革版 CDS")。"改革版 CDS"实质上是通过交易对手各自与 CDS 清算中心(所)交换 CDS 协议,将 CDS 清算中心(所)作为 CDS 交易平台,交易对手风险便可随 CDS 协议交换而转移到 CDS 清算中心(所)。令人振奋的是,"改革版 CDS",尽管其合约在形式上仍为信用交易,但在交易对手与 CDS 清算中心(所)互换 CDS 合约后,交易流转的,并不是信用,却是信用交易定价 Spread。因此,2019 年美国总统特朗普以妨碍 CDS 交易名义废除了"改革版 CDS",实际上却是害怕风险利差转移所形成的 SP 增信,可能会真正取代美国国家主权信用或"美元霸权"。

"改革版 CDS"不仅如同原版 CDS 可成为国家主体信用的替代品,创造着无风险利率产品,而且直接剔除了增信基础所赖以存在的主体信用,并以风险利差作为交易对象进行流转或转移,直接成为增信的价值基础,形成了增信资产或风险资产。"改革版 CDS"据此可获得未来生存与发展的机遇，可向以风险利差为交易对象的风险资产交易形式转化，由此可建立以风险利差为交易基础，或者以"数字黄金"为交易后盾的国际金融体系与全球资本市场。图8-1和图8-2显示了改革前后不同CDS所交易流转的对象，尽管均为Spread，但改革前的CDS（见图8-1）较为隐蔽，"改革版CDS"（见图8-2）则更为明显。

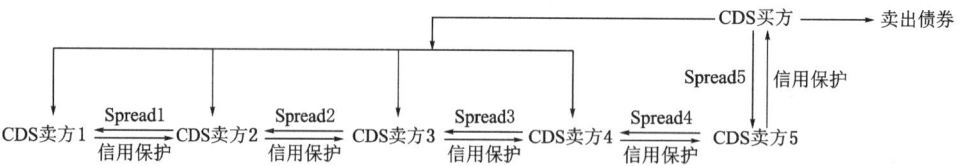

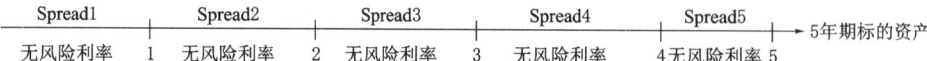

CDS 卖方收到 Spread5，根据长短期利差进行交易，可不断流转到 CDS 卖方4，或 CDS 卖方1 进行套利交易。因此，CDS 交易实质是 Spread 在流转交易。
CDS 买方买入 CDS 增信其持有的债券，使其成为无风险利率产品，只有当其卖掉债务，可能成为 CDS 卖方。

图 8-1　CDS spread 交易图

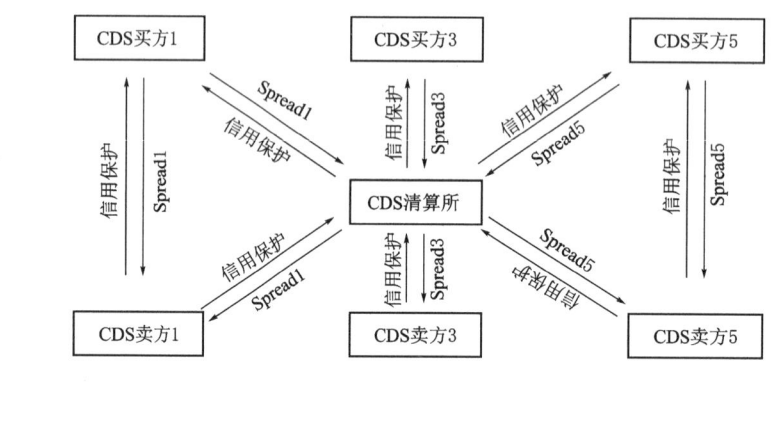

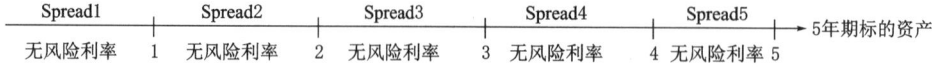

图 8-2　2009 年 ISDA"改革版 CDS"

第二节　新时代与新格局

上海日前提出创建"全球资产管理中心",就是要在负利率时代创新全球资管体系,重置国际金融体系。从金融资管/利差资管类型上讲,就是从传统机构定价的静态融资资管,经现代市场定价的动态交易资管,向完全市场定价的特殊目的资管转化,由传统机构定价转向与现代市场定价,分享资产定价权的一般资管,再逐步过渡到彻底取代传统机构定价的特殊目的资管。新时代中国应立足于全球金融市场,把握负利率时代所带来的不可多得的历史机遇。创新全球资管体系,就是要改变"美元霸权"所主导的现行国际金融体系,改变以美联储及美国控制的三大国际评级机构所掌控的主要金融资产的全球定价权。

一、无成本货币为创新基础

负利率时代的到来,意味着无成本货币时代的开启。基于黄金白银的货币,是成本货币的典范。1971年美元与黄金分离后所开启的信用货币时代,成本货币意味着美联储/中央银行的利润,先由美联储/中央银行享有6%股利,再由美国财政部分享,构成了美联储所谓的"筹币税"。随着2008年美国金融危机及其救市措施的出台,以"筹币税"为代表、收割全球财富的"美元霸权",最先被"央行无需股东"或"社会主义"的北欧或欧盟,后为日本所察觉,于是负利率时代便悄然而至,尽管美国装模作样,中国竭力抵制。

对于负利率,在发达国家中应该只有美国持有否定态度。如果美元变为无成本货币,将会终结美联储的历史命运。众所周知,美联储是私人机构,美元霸权(Top Chips)使美元通过基准利率或国债收益率或无风险利率,获得了巨额的全球筹币税或美元净收益。正因为美元是成本货币,美联储股东才得以每年获利6%,剩余400亿或500亿美元利润归美国财政部分享所有。至于没有股东或财政部利益的中国央行为什么要跟随美联储反对或否定负利率,甚至竭力抵制负利率或无成本货币,表面上看是美国金融学界的"海归派"所至,实质上有更深层次的利益结构或既得利益在中国作祟。

其实,数个发达国家在 2008 年美国次贷危机中看到了美元救市的本质:美元作为信用货币可以任意超发,所谓"通货膨胀"并未"显灵"或"临世",据此推导出美元或信用货币实质上应该是无成本货币,所谓基准利率或国债收益率或者无风险利率,只是创造美元的美联储向全球征收的"筹币税",或者收取美元的全球净收益。脱离黄金的信用货币机制,导致美国在金融危机之时可以滥发美元;失去时间成本的货币,不再是基于时间成本可以增值的资本,只是与其他资产一样,需要进行资产管理,因而需要支付资管费用;又基于商业银行管理成本,贷款对象减少及其贷款风险增加,货币在银行的存款如同商业银行的一般资产管理,银行存款管理费便应运而生;两害相权取其轻,无风险利率产品或国债,作为负利率债券则紧随其后而产生,由此可见,负利率是信用货币的必然选择,也是信用货币历史发展的必然。

负利率时代的来临,意味着信用货币真正开启了无成本货币的历史。尽管信用货币已经历了半个世纪之多,但无成本货币仍未得到理论支持与广泛实践。无论如何,负利率时代已经悄然而至,这个历史事实却是不可逆转的,美元"筹币税"也终将被无成本货币所抛弃,无成本货币也将会把美联储/中央银行主导的机构定价或基准利率,及现代市场定价所表现形式的无风险利率一起束之高阁,成为墙上历史。据此,无成本货币将导致债券等固收产品,由年度收益率(ARR)债券转向零息债券或复利债券,从而在金融资管或利差资管与投资资管等两大领域发生巨变,但最终均会由一般资管向特殊目的资管,向资管型 ABS 与对冲基金进行转化。进一步来说,这种终极性转化,不仅包括本金在内的或者风险利差仅为定价功能的融资资产(金融资产),而且包括风险利差从融资资产/贷款资产/固收资产中转移出来,并独立为风险资产。

二、零息债券为创新核心

年度收益率(ARR)产品,无论是债券,还是贷款,抑或是其他固收产品,均是成本货币的必然产物。在无成本货币的负利率时代,零息债券必然取代年度收益率产品而理性的历史性回归。尽管债券等市场化交易的固收产品深受现代市场定价影响,但仅限于零售市场仍受美联储/中央银行的基准利率影响。因无成本货币,零息债券将不再受美联储/中央银行的基准利率影响,而由风险利差及其转移进行调整,在满足增信价值管理条件下,决定着风险利差或基础利率。据此,由现代市场定价与传统机构定价分享的资产定价权,开始向完全市场定价转化,即由市场交易决定的完全市场定价掌握着资产定价权,不再与传统机构定价分享资产定价权。

尽管负利率时代已经运行12年了,负利率国债或零息债券也已存在近10年了。但是,风险债券,即不同风险或信用等级并非最高的公司债券/企业债券,却仍然习惯地按照 ARR 债券形式进行设计与发行交易,难以承认货币/资本与风险利差合成的零息债券。其实,风险债券改为零息债券,在基础利率不超过3%的条件下,再由基础利率转化为风险利差,并作为 SP 增信,不仅可大幅降低融资成本,适合于基建融资或"三农"融资及"全球两融",而且可为全球资本市场提供众多无风险利率产品,为负利率资本市场寻求市场利率的均衡性,有利于全球资本市场的健康发展。

然而,在既得利益的国际金融集团操作下,尽管负利率债券或零息债券问世已有10年,欧盟负利率债券规模已近30万亿欧元。但同为零息债券的复利债券寸步难行,未有任何进展,令人难以置信。如果将复利债券的基础利率转化为风险利差,并为 SP 增信,年度收益率债券则可转化为复利债券。作为具有风险利差或基础利率的复利债券,不仅可为融资者降低融资成本,而且可设计出各种不同价值的复利债券,在回购机制与做市机制配合下,丰富并繁荣债券市场。

三、SP 增信是创新源泉

在无成本货币的负利率时代,意味着零息债券的理性回归,但前提条件是,必须建立 SP 增信理论并取代信用交易的 CT 增信理论,增信机构取代国家担保的 SP 增信机制。在习近平总书记倡导的"国际金融资产交易平台"(以下简称"国际平台")上,SP 增信可为"全球两融"复制并取代"美国两房"提供支持,可为负利率时代零息债券的理性回归提供"终极增信"。

中国境内金融机构所持有的高达百万亿元的基建资产与个贷资产,可通过"国际平台"的非标资产交易场所出售给境外另类资管或特殊目的资管机构(AMC),再通过"国际平台"的标准市场"国际版",发行交易特殊目的资管机构的零息债券,然后在"国际平台"的非标资产交易场所出售交易增信资产,使得增信后的零息债券成为无风险利率产品或货币/资本。特殊目的资管机构也可在欧洲、日本等负利率资本市场上发行经 SP 增信的零息债券,用募集的低成本资金持续地购买基建资产与个贷资产,并在增信机构支持下对未来可持续增长的主要金融资产(基建资产与个贷资产)拥有全球定价权。

四、流动性机制为创新配套

为了吸引厌恶风险又想获得收益的机构投资者或国际主流资本,增信的零息债券是亮点。但作为风险债券设计成的零息债券,在存续期间并无利息收入,尽管零息债券或负利率债券无所谓利息。因此,对增信的零息债券,应该配之于回购机制或做市机制。通过年度/季度回购机制与做市机制,一方面可为机构投资者提供适时利息;另一方面可为负利率存款提供无风险理财,更可活跃零息债券的交易市场。

利用商业银行的负利率存款,制作成银行"动态型保本保息"理财产品,不仅可为商业银行提供理财产品新思路,而且可以减轻商业银行负利率存款压力而增加交易收入,更可为商业银行的负利率存款找到无风险利率产品的投资机会,而不仅限于国债。在全球资管中心建设中,中国上海自贸区临港新片区创新设立的"全球两融",可发行交易零息债券,经交易增信(风险)资产而使零息债券成为无风险利率产品,可吸引国际主流资本或机构投资者,同时在回购机制与做市机制的配合下,为"全球两融"找到获得低成本资金的渠道或途径。

五、批零交易机制为创新铺垫

为了实现完全市场定价的特殊目的资管,无论是具有与"美国两房"相同类型基础资产的"全球两融",还是具有与"美国两房"不同类型基础资产的特殊目的增信机构或利差价值资管机构,前者基础资产为包含本金在内的金融资产(融资资产或贷款资产),后者基础资产为不包含本金在内的金融资产(增信资产),但作为金融资产都是风险资产,只是前者为金融资产进行风险定价,后者是从金融资产中转移出来的独立资产。因此,前者金融资产可通过批零交易机制成为"美国两房"或"全球两融"的基础资产,后者也可通过批零交易机制成为增信机构的基础资产,可为"全球两融"提供权益增信或终极增信,可使"全球两融"发行的零息债券获得低成本资金,从而使"全球两融"在增信机构支持下,通过批零交易机制掌握金融资产全球定价权,即掌控基建资产(FI)与个贷资产(FP)的全球定价权。

从这个意义上讲,所有从事金融资产(融资资产或贷款资产)制造或融资业务的金融机构,其实就是零售金融机构,根据金融资产批发机构的要求从事零售金融业务或融资业务,制造金融资产并出售给批发机构,从而获得交易零售利润而无须承担资产风险。零售金融业务或融资业务,在批零交易机制下,其实是一种无风险套利业务。

当然,金融资产批发机构如果没有证券化业务,无论是买卖型ABS,还是资管型ABS,都将会承担批发购买金融资产所可能产生的违约风险即资产风险。事实上,正是因为存在交易型ABS或资管型ABS,才为金融资产批零交易机制提供了可能性和现实性。如为投资银行,将各个不同原始权益人的金融资产通过金融资产批零交易机制,置于特殊目的载体(SPV)名下的资产池中而成为投资银行进行管理的基础资产或资管对象,形成交易型 ABS；如为特殊目的资管机构，将各个不同原始权益人的金融资产通过金融资产批零交易机制，置于特殊目的公司(SPC)名下的资产池中而成为资管机构进行管理的基础资产或资管对象，形成资管型 ABS。据此，特殊目的资管——资管型 ABS，又可通过对交易型 ABS 的增信，及金融资产批零交易机制，实现对金融资产全球定价权的掌控。

六、特殊目的资管为创新果实

基于零息债券在负利率时代理性回归，SP 增信机制使得(权益)增信机构得以取代国家担保，据此可以终结现代市场定价的"美国两房"孤版状态，"全球两融"可以复制并取代"美国两房"。"全球两融"就是基建资产(FI)与个贷资产(FP)的资管型证券化(ABS)，与 SPV 的证券化不同，是 SPC 的证券化，即特殊目的公司型的证券化或者特殊目的资管机构。

基建资产(FI)与个贷资产(FP)与按揭资产(Mortgage)一样，通过资产批零交易机制，置于特殊目的公司名下的资产池中成为资管对象或基础资产，并由管理人对其进行管理，形成股权结构支持债务结构的权益增信，不再需要所谓"外部增信"来支持所谓"内部增信"。关键在于公司债务融资要比公司持有的基础资产在成本价值上更具优势，从而才能形成两者利差或利润，进一步则转化为支持公司股价。

无论是"美国两房"，还是"全球两融"，作为特殊目的资管，特殊目的就是以掌握资产定价权为目的，降低融资成本。但是，"美国两房"还必须依赖于美联储/中央银行，特别是在获得低成本资金的渠道与途径上。"全球两融"则不同，完全可以不依赖于美联储/中央银行，而是有赖于 SP 增信机制，依赖于风险利差批零交易机制与资产(价值)管理的具有权益增信功效的增信机构。基于零息债券的风险利差，可以比年度收益率(ARR)债券更能明显地表示，不是风险利率作为信用交易定价(增信费用)，而是风险利差作为风险资产直接转移，符合了 SP 增信的基本原理，尽管年度收益率(ARR)债券同样也可通过数学公式求得风险利差。

风险利差作为风险资产转移，配之于批零交易机制，可置于特殊目的公司名下的资产池中成为基础资产,并由公司管理人对风险利差进行价值管理,设计出100%风险覆盖率(RCR)去抵御随机违约率(RPD),最终形成权益增信/终极增信。权益增信机构可向"全球两融"提供获得低成本资金的渠道与途径。关键在于增信机构所具有的风险资产在实际价值上要远超增信机构到期的赔偿总额,通过同为风险资产的保险资产会计处理,从而形成增信机构利润,又因"股小资大",可进一步转化为支持增信机构股价的价值引擎。

取代"美国两房"的"全球两融",在基建资产(FI)与个贷资产(FP)范围内,即在未来可持续增长为全球主要金融资产范围内,可与机构定价的央行分享资产定价权,并将取代央行的资产定价权,当然应该在增信机构支持下。

七、多层次债市为创新场所

投资债市,就是追求一个固定收益,应该要求"刚性兑付",无论是发行人"刚性兑付",还是债市创造"刚性兑付";否则,理性投资者会远离或抛弃债市而选择股市,目前中国正面临这种局面。因此,从理性角度看,在负利率时代零息债券理性回归后,风险利差转移的SP增信应运而生后,整个债市或固收市场应该分成四个不同层次的市场。

首先,是以负利率产品所表现的国债或零息债券市场,这是全球或一国基本债市,金额巨大,光欧盟负利率债券就将近30万亿欧元。国债或零息债券市场,对于利率市场化来说,具有稳定器或基本盘的作用,因为国债或零息债券市场为投资者提供了发行人的"刚性兑付"。

其次,是风险利率产品所表现的零息债券市场,这是基于无风险利率为零或消失(无成本货币)而还原为资本/货币,同样风险利率也同步还原为风险利差所至。因风险利差转移的SP增信可替代国家担保,使得增信后的零息债券如同国债一样安全,但收益却比国债高,因此零息债券市场通过SP增信为零息债券投资者提供的赔偿率高达100%的债券市场的"刚性兑付"。

再次,是以风险利率产品所表现的年度收益率债券市场,这个市场具有不对称性,反映了金融集团的既得利益。在成熟的发达国家债券市场上,厌恶风险的投资者仍然通过风险利差对信用交易进行风险定价的CT增信,现行CT增信的典型代表即为信用违约互换(CDS)。尽管信用违约互换使投资者付出较低增信费用,却难以获得赔偿率达100%的"刚性兑付",也许是70%,也许是30%赔偿率,因此年度收益率债券市场通过CT增信为债券投资者提供的赔偿率远低于100%的有限"刚性兑付"。

最后,无论是年度收益率债券市场,还是零息债券市场,有些投资者具有高超的风险识别能力与技术,自信或坚信可以避免债券的随机违约率降临在其身上,无需任何增信工具,无论是SP增信,还是CT增信,如对冲基金。即使对冲基金,在半甲子以来的金融发展史上失手之事也频频发生。

但是,以其自信或坚信作为债券投资的,应该不可大面积、大范围地募集资金,如公募基金或大型机构投资者,否则公募基金或大型机构投资者将如同赌场代理人:"赢则收费输则无关"。这种赌场代理人不仅导致债市必然消失,而且有违信托责任,更不会受到国际主流资本的青睐,只能欺骗并无金融常识的投资者,但投资者在接受教训后会令这种债市消失,这种状况正在中国证交所债市或固收市场上疯狂上演。

八、对冲基金为创新变动力

无论是机构定价,还是市场定价,总是在其价值边缘或时间上存在无风险利差,无论是在融资资产(金融资产)间,抑或是在金融资产与股票资产,甚至大宗商品之间。因此,在交易动态中把握资产定价权,应该是对冲基金的历史使命,也是作为特殊目的资管的必备模式。相对于另一种特殊目的资管——资管型ABS的资产定价权,对冲基金可能只有从其他资产的对冲交易中进行监督,促进其进行合理调整。因此,对冲基金是全球资管体系的创新变动力。

第九章
负利率时代的金融稀缺资源

特殊目的资管与全球定价权
——上海何以建成全球资管中心

第一节　金融稀缺资源

一、无成本货币

2009年具有社会(福利)主义的北欧国家率先进入负利率时代,这意味着成本货币论已经成为墙上历史。人类进入纯粹信用货币时代,尽管国际既得利益集团,特别是美联储及其追随者进行了竭力抵制,中国央行御用的金融学家也心力交瘁地强烈反对。基于布林顿森林体系于1971年失效,美元与黄金彻底分离成为现实,美元作为基础货币的国际货币体系开始走入纯粹信用货币时代,即无成本货币时代,再也不能以所谓"调节通胀"为由推行基准利率或无风险利率等成本货币概念,在这些"美丽谎言"之下的所有金融概念,已经开始遭遇信任危机,甚至濒临信用破产。

众所周知,与黄金挂钩的美元,或者金本位的货币时代,美元货币是有成本的。成本货币形成了所谓"资本",资本因而可转化为所谓基准利率或无风险利率,并在国际货币市场或国际债券市场上进行批发。但是,在纯粹信用货币时代,货币本身不应具有成本;现金纸币占全球货币总量不到5%,不低于20%的纸张印刷成本对因流通而形成的"筹币税"来说,几乎可以忽略不计。即使1971年美元因与黄金脱钩而成为纯粹信用货币,但国际金融学界与金融业界的所有从业人员与专业学者竟然均会同意"美元霸权"所支持的"成本货币论",以所谓防止通货膨胀的理由而需要调节利率,纯粹信用货币据此仍然需要时间成本。这对资本力量弱小的、非发达国家和地区形成资本优势,以基准利率及美国国债收益率所形成的无风险利率收取了美元在世界各国使用的时间收益。

基于在2008年美国金融危机中美国政府以超发美元进行所谓的"救市行为",超发货币无论是在数量上,还是在质量上,与货币利率相比,均不在同一个层次上。超发货币无疑比较低利率更可能引发通货膨胀。然而,以超发货币为特征的"救市行为"却在美国,甚至在世界各国,均未引起任何明显的通胀迹象。因此,所谓以利率调整通胀的说法是难以成立的,这也就充分暴露了信用货币的本质——无成本货币。所谓"通胀"理论只是想掩盖成本货币的实质,维护"美元霸权",从而维护美联储"股东们"垄断资本的根本利益。

面对如此清晰的客观事实,"美元霸权"的拥护学者随即抛出所谓"就业"理论取代"通胀"思想,企图以政府解决所谓的"就业"问题并获取政治选票的超发货币理论,掩盖信用货币属于无成本货币这一货币本质属性,否认负利率时代就是无成本货币时代这一根本事实。但是,货币历史车轮滚滚向前,美联储维持的基准利率已经频频显现困局,美国国债收益率也趋于零利率。一方面,作为美国官方机构的美联储,不得不宣布基准利率接近零,即无成本货币,但这个无成本货币几乎会葬送美联储,中止派送美联储股东6%/年的红利;另一方面,作为国际资本市场中"交易大户"的美联储,则从利率批发商(最后供应者)转化为资产批发商(最后购买人),从而获得了金融资产的批零差价,这样才能勉强维持美联储股东6%/年的红利,保持着美联储在国际资本市场上的影响力。

从这个意义上讲,美联储应该认识到"美元霸权"的软弱之处,或者正处于崩溃的前夜。所以,美联储对"比特币"的暧昧态度,对脸书公司"利不拉"的不断打压,对"改革版CDS"的毁灭性打击,均是表现了正在寻找"世纪货币"或"全球货币"的新型思维。"美元霸权"逃脱不了一甲子命运,中国政府应尽早准备将手中的数万亿美元实现"胜利大逃亡",不要因持有巨额美元而持有已经没有购买力的,或者购买力受严重限制的"土著货币"。

综上所述,无成本货币必然是负利率时代的金融稀缺资源,现在正为所有发达国家和地区之用,而非发达国家却仍处于成本货币时代,利率居高不下,高利贷比比皆是,甚至中国最高法院竟然认为15%的年利率不算高利贷,真不知道什么叫"血腥的、野蛮的资本主义"。如果中国央行仍然紧抓美联储"成本货币"这一"落水稻草"不放,肯定会丧失人民币国际化的历史机遇,丧失人民币在负利率时代作为强势货币的崛起机会,丧失迈向全球金融强国的关键一跃。只有掌握了无成本货币这一金融稀缺资源,并将其运用于发达国家和发展中国家的资本/货币市场,中国的人民币才能在国际货币体系中脱颖而出,成为全球货币的主要引擎。

二、风险利差

商业银行或其他金融机构运行风险利差于金融零售行业,即把货币/资本出借给实业(风险运用行业)或经营者(风险融资主体),风险利差作为风险定价可对货币/资本进行风险定价,形成零售利率或风险利率。基于成本货币,资本具有时间成本,并表现为基准利率或无风险利率。于是乎,在零售金融机构来看,风险利差同样也需要时间成本,也就可以转化为基于无风险利率的风险利率(RRI)。因此,一切固收产品,无论是债

券,还是贷款,主要表现形式就是年度收益率(ARR),固收产品的价格构成即为:

$$ARR = RFRI + RRI$$

当美元脱离黄金的信用货币时代来临时,货币(Capital)失去了时间成本,开启了无成本资本(No Cost Capital)时代。基准利率或无风险利率,作为货币资本化的表现,肯定难以持续,或者抛弃时间成本回归货币,即无风险利率为零。同样,风险利率也可剥离时间成本回归为风险利差:

$$Spread = RRI - RFRI$$

如果:$RFRI = 0$,

$$Spread = RRI - 0$$

$$Spread = RRI$$

一方面,无风险利率为零,意味着割断时间成本或去资本化而回归货币,因为无风险利率是成本货币或货币资本化的表现,若无风险利率回归货币,则代表无成本货币时代的来临,或者负利率时代的开启。另一方面,在无风险利率为零的负利率时代,风险利差取代了风险利率(RRI),或者风险利率回归为风险利差。据此,年度收益率债券则应改为零息债券(Zero Coupon Bond,ZCB),即年度收益率等于货币加利差:

$$ZCB = Capital + Spread$$

因为发行价(IP)代表了投资零息债券的货币,风险利差就是货币的风险运用或风险定价(Spread),两者之和构成了票面价(PV),形成复利债券(ZCB):

$$ZCB = Capital + Spread$$

或:

$$PV = IP + Spread$$

风险利差摆脱了因时间成本或成本货币所形成的风险利率,零息债券可理性地从年度收益率债券中脱颖而出。摆脱了时间成本的零息债券,可以释放出巨大的空间价值,并以风险利差来表示空间价值,将有力地推动国际金融体系的健康发展。因此,零息债券中的风险利差,对于负利率资本市场来说,其实是一种金融稀缺资源,不仅可为零息债券发行人降低成本,零息债券持有人因获得 SP 增信而提高了零息债券持有的安全性,而且也为 SP 增信转化为可以取代国家主权信用(National Sovereign Credit,NSC)担保的、可以抵御随机违约率的终极增信提供了不可多得的时空价值。

三、SP 增信

在负利率时代,零息债券必然的理性回归,将取代年度收益率债券,成为固收市场或利率市场上最主要的金融产品。原来与零息债券相伴的国家主权信用担保,将被零息债券的风险利差转移所形成的 SP 增信所取代,并且取代现行信用交易的 CT 增信,如信用违约互换(CDS)。基于风险利差转移,零息债券将回归货币,如果风险利差完全转移;或者零息债券转化为无风险利率产品,如果风险利差未完全转移。风险利差转移对零息债券产生的增信功能,可称为"SP 增信",它完全区别于以信用交易(CT)为特征的 CT 增信,无论是金融担保(FG),还是信用违约互换(CDS)。

其实,CT 增信早已取代了国家主权信用担保,比如金融担保(FG)中的 3A 增信或者 CDS 增信,均可使风险利率债券转化为无风险利率产品。比如,债券持有人购买 CDS,便在会计上将债券处理为"核心资本"。因此,在国际资本市场上,国家主权信用担保已经没有任何运用价值或实际价值,因为信用担保时代已经成为历史,CT 增信早在半世纪前取代了国家担保或信用担保,除了非发达国家和地区,还有中国。如果说,金融担保(FG)还未完全取代国家主权信用担保,那么,信用违约互换(CDS)则彻底取代了国家主权信用担保。国家主权信用担保在增信时代已经没有任何存在意义,无论是 CT 增信,还是 SP 增信。当然,SP 增信取代 CT 增信,既是负利率时代的必然,也是零息债券的必然。

在 SP 增信中,基于零息债券的风险利差转移所形成的风险资产或增信资产,又基于零息债券所提供的时空价值,风险资产或增信资产可作为特殊目的资管机构(SPC)的基础资产而进行资产管理与价值管理,从而可以设计出风险覆盖率达 100% 的数学模型,用于抵御随机违约率。对零息债券进行权益增信或终极增信,使得零息债券在安全性上甚至更高于国家主权信用担保。因此,SP 增信在负利率时代,无疑是一种金融稀缺资源。

四、特殊目的资管机构

作为特殊目的资管机构(SPC),"美国两房"基于美国国家主权信用而成为全球孤版,尽管增信在价值理论上已经取代国家主权信用担保。但是,在成本货币时代,存在着中央银行的基准利率和国债收益率及无风险利率,融资工具的主要形式为年度收益率,包括债券或贷款。对于年度收益率的融资工具,无论是年度收益率债券,还是年度收益率贷款,CT 增信及其增信定价确实无解,信用违约互换只能转变为消极增信,却无法真正取代国家主权信用担保。正因为如此,信用违约互换也无法为"美国两房"或特殊目的资管机构提供低成本资金,特殊目的资管机构也就无法复制或取代"美国两房"。

在负利率时代,基于纯粹信用货币概念的无成本货币,零息债券理性地回归,零息债券的风险利差转移所形成的 SP 增信,可以真正取代国家主权信用担保,甚至取代 CT 增信最高境界的信用违约互换,可为零息债券提供终极增信。因此,只有基于 SP 增信与零息债券,特殊目的资管机构才可获得低成本资金,才能复制或取代"美国两房"。在负利率资本市场上,基于 SP 增信与零息债券的特殊目的资管机构(SPC),作为金融稀缺资源应该名副其实。

五、全球金融稀缺资源大变局

在负利率时代,金融稀缺资源也包括可成为掌握资产定价权的特殊目的资管机构(SPC)的基础资产。基础资产不仅要在现实中具有规模效应,而且要在未来具有可持续性增长。

1. 传统金融资源正在消失

数百年来,商业银行及金融机构的融资对象一般均为公司制企业,这是传统机构定价的金融资源。但随着融资业务的发展,传统机构定价开始受限于现代市场定价,在随机违约率冲击下,单个金融机构所拥有的年度收益率形式的贷款资产,要么处于"零和游戏",要么资产风险巨大。假设,长期银行贷款(20年)所形成年度收益率形式的贷款资产的年息为5%。对于融资者来说,全部利息等于本金,即最终付出双倍本金,因此说融资者付出了巨大的融资成本。但对于商业银行来说,5%的利息却不一定盈利,随机违约率也难以承受:"去年持平,今年略亏,明年可能略盈"。只因与其他非银行金融机构不同,商业银行具有货币创造功能(M2),或者自身可以创造资本杠杆率,才使商业银行避免破产倒闭。可见,商业银行所拥有的年度收益率形式的贷款资产,其实只是"零和游戏"。

又由于商业银行贷款对象逐渐缩小,并且贷款对象又是风险最大的。具体来说,具有信用等级的大型企业集团可直接融资发行债券,无须间接融资银行贷款;与信用等级的大型企业集团有供应链关系的中小企业,也可通过供应链金融获得直接融资,同样无须间接融资银行贷款;科技型或创新型公司企业可以通过风险投资(VC)获得股权融资,而间接融资的银行贷款非常受限;具有一定规模且可持续发展的中型企业,则通过股权融资准备上市,同样间接融资的银行贷款非常受限;剩下的,就是独立经营的小微企业,才是银行贷款的主要对象。至此,商业银行的贷款对象范围逐渐缩小,最后仅剩独立经营的小微企业。

不幸的是,属于银行贷款的主要对象,或者独立经营的小微企业,数百年来的银行贷款经验表明,它们是银行贷款资产风险最大的群体,由此导致如下现象:①中国公司法中的有限责任公司或者小微企业,一般都是法人代表或公司主要股东为公司的银行贷款进行担保,使得有限责任公司沦落为无限责任公司,商业银行以其贷款协议替代了公司法中关于有限责任公司的强制性条款。尽管中国商业银行有违公司法之嫌,但却是贷款安全所必需的,因为独立经营的小微企业不适合信用贷款,而小微企业又不具备可供抵押的资产。②正因为独立经营的小微企业是银行贷款的主要对象,而且这种银行贷款具有很大的资产风险,导致商业银行经营成本居高不下,在2008年美国金融危机后的第二年开始,北欧一些国家的商业银行因无法承受居高不下的经营成本,率先宣布对银行存款收取管理费,由此开启了负利率时代或无成本货币时代,开始了真正的信用货币时代。

2. 金融稀缺资源正在呈现

1) 基建融资

美国于20世纪70年代至90年代末,曾以金融担保(FG)的增信方式支持美国地方政府的基建融资,包括市政债与地方(政府)债都可以既得到金融担保机构的增信,也得到金融保险机构的增信。因为金融担保机构不仅把基于违约率的风险定价或保险资产,视同为基于出险率的保险定价或保险资产,导致许多国际著名大型保险机构均开展金融担保业务,而且把因金融担保所形成的增信资产如同保险资产一样进行管理,即采取与保险资产一样的资管模式,最终金融担保这一现代增信业务在地方债或市政债(基建融资)的随机违约率冲击下败下阵来了。替代金融担保(FG)的信用违约互换(CDS)与积极增信的金融担保不同,只是采取消极增信,重点在于风险规避,由增信产品转化为衍生产品,更在乎衍生产品交易,并且由于衍生产品属于柜台交易,信用违约互换其实只是掌握在国际一流金融机构手中,连中国的"宇宙大行"都难以真正涉入。

正因为美国这个历史教训,在全球资本市场上,再也没有金融产品支持基建融资,支持地方债或市政债,基建融资也就无法以合规名义开展了,并逐渐消失于全球资本市场,除了中国各种银行以基建贷款名义支持基建融资。即使全球资本市场上没有金融产品支持,基建融资仍具有较强劲的增长势头,无论是需求增长,还是实际增长,基建融资确是一种具有重大发展潜力的金融资产,必将成为国际金融市场上最重要的金融资产之一,这是笔者在数年前发表的专著中已经对此作的预判。因此,基建融资可视为全球资本市场上的金融稀缺资源。

然而,全球经济增长仍然有赖于基建融资所带来的基建项目的支持,即使没有金融产品支持,如同中国、土耳其、泰国等东南亚国家及其他地区的发展中国家仍然保持基建融资增长势头。中国则变成全球基建大国与基建强国,尽管在基建融资的资产管理上因为中国"封建割据"式监管制度而导致很多金融问题。随着负利率时代的来临,基建融资最佳工具——零息债券理性的历史性回归,全球基建融资需求必将高涨。不仅新时代中国在未来10年内存在百万亿元新型基建的巨额融资需求,而且"一带一路"在未来二三十年也存在百万亿元新型基建的巨额融资需求。为了抵消中国在全球基建所带来政治经济方面的巨大影响力,以美国为首的G7决定实施"重建更美好的世界"方案(简称"B3W")的全球基建计划,准备在2035年前落实40万亿美元的基建投融资。

2) 个人融资

个人融资包括个人按揭、大学生贷款、创业贷款(网贷)与消费贷款。尽管个人融资不具信用等级,但随着全球个人信用建设的不断完善,大数据技术的运用,"美国两房"的成功经验,中国P2P的失败教训,特别是蚂蚁集团的个贷网贷证券化所提供的违约数据,已为个人融资进行全方位资产管理打下了坚实基础。据不完全统计,国际金融机构的个人融资所形成的个贷资产,已经占有全球金融资产总量的37%以上,这就证明了前面关于商业银行贷款对象的相关论述。作为贷款对象,公司企业正在缩小至独立的小微企业,而且风险巨大。正因为如此,随着发达国家个人信用管理日趋成熟与完善,个人融资已经成为商业银行的最重要贷款对象之一。

发达国家和地区在个人融资中的大学生贷款,已经以"条件违约"取代了"逾期违约",使得大学生贷款处于正常健康发展中。假如"条件违约"运用于全部个人融资,特别是运用于个人创业融资,那么,这将会进一步促进独立的小微企业向个体经营转化,因股东担保有限公司负债而破坏中国公司法的抵押贷款,将可以个人创业融资方式同样得到满足,并可享受"条件违约"优渥待遇,彻底摆脱"逾期违约"所带来的"黑色信用"对个人正常生活的干扰。由此而来的是,目前个人融资只是初级阶段,个人融资增长具有可持续性,负利率时代复利债券的理性回归,个人融资将在资产规模上更上一层楼。个贷资产据此也将与基建融资一起,构成国际金融市场上最重要的金融资产。从这个意义上讲,个贷资产(FP)如同基建资产(FI),均为国际金融市场上的金融稀缺资源。

第二节 中国独有的金融稀缺资源

一、中国独有

1. 尚未被资本化的百万亿元以上的基建融资与个人融资

中国是全球最大的基建国家,中国金融机构拥有近百万亿元的基建资产,并且都以年度收益率的银行贷款或其他融资形式存在。在中国现有"封建割据"的金融监管体制下,这种基建资产无法进入资本市场,导致了中国各种银行与非银行金融机构的资本杠杆率居高不下,差不多占据资本杠杆率一半以上。这种情况一方面造成"融资贵、融资难"的中国融资困境,而且因"零和游戏"导致银行与金融机构不断积累资产风险;另一方面又导致人民币超发（M2）来维持年度收益率银行贷款的"零和游戏"，人民币超发每年都超过 14%。客观上讲，中国金融机构拥有近百万亿元的基建资产，如果不是这种金融监管体制，不可能导致上述中国的金融困局。与此同时，我们也应该看到，在基建资产将要成为国际金融市场上最主要金融资产之一的今天，中国金融机构所拥有的近百万亿元的基建资产，确实是一种金融稀缺资源。

时至今日，以美国为首的发达国家，尽管存在着巨大无比的基建需求，却无法获得全球资本市场上的金融产品支持。负利率时代的开启，零息债券的理性回归，及风险利差转移的 SP 增信，基建融资必将成为全球最主要的金融资产之一。中国金融机构拥有的近百万亿元的基建资产，"一带一路"未来 20 年百万亿元的基建融资需求，则是中国独有的金融稀缺资源，是中国完胜美国为首的七国集团的"B3W"的有利条件。

在个人融资方面，中国金融机构拥有近 50 万亿元个贷（网贷）资产，而且，这是在严格限制条件下形成的个贷规模，如果个贷利率得以大幅下降，大学生贷款的持续开发，"条件违约"取代"逾期违约"，独立的小微企业融资转化为创业个贷或经营个贷，中国的个贷（网贷）资产还将持续增长，这也将是中国独有的金融稀缺资源。在全球来看，个贷资产已经占据全部金融资产的 37% 以上，而且将在上述条件下形成可持续增长率。

据此可以预判，基建资产与个贷资产将成为国际金融市场上最主要的两种金融资产。如果中国掌握着负利率时代的所有金融稀缺资源，就可以掌握国际金融市场上主要金融资产的全球定价权，也就取得了国际金融市场上的话语权。

2. 蚂蚁小贷证券化所获得的风险利差

中国蚂蚁金服的个贷（网贷）资产证券化（ABS），其实已经求得风险利差，为特殊目的资管或资管型 ABS 打下了风控基础。至今为止，这是中国金融对全球金融最大的贡献，中国还没有产生过真正的、有贡献于现代国际金融体系的人与事，除了金融"阿Q"与"泥水匠"，剩下的均为既得利益集团（金融机构）的御用学者，以至于金融"太监"盛行。尽管蚂蚁ABS存在遭人诟病的贪婪与无知，并崩溃于"滥言"，但无论如何，却为中国创设特殊目的资管机构"全球两融"打下了坚实基础，在近期或不远的未来，也可为中国证监会，为投资银行（券商）打开交易型ABS提供了前提条件。那么，掌握基础资产定价权的、具有权益增信功能的资管型ABS，或者特殊目的资管，也将强势崛起。

二、中国掌握着全球金融稀缺资源

中国是全球最大的基建国家，中国金融机构拥有近百万亿元的基建资产，"一带一路"未来20年基建融资需求可达百万亿元。近期以美国为首的G7会议提出了"B3W"计划，将在2035年前完成40万亿美元的基建投资。由此可见，基建融资需求在未来会不断上升，并将成为全球金融市场上最主要的金融资产之一。这是笔者于数年前的文章与专著中已经作出的预先判断，并设计出了可掌握基建资产全球定价权的特殊目的资管机构（SPC），权益增信机构或利差价值管理机构。

在负利率时代，成本货币已经成为历史，作为信用货币，已经由负利率时代代替了无成本货币时代，成本货币已经可以转化为无成本货币；基准利率也应该与成本货币概念一起成为历史，那么无风险利率必将随行，尽管还有一个过渡期；基于无成本货币，成本货币/基准利率所形成的风险利率也因此回归为风险利差；风险利差仅为无成本货币需要对运用空间上的违约率进行风险定价或形成风险成本，却不存在时间成本；相对于年度收益率债券来说，零息债券融资成本更低；从零息债券中转移出来的风险利差，作为风险资产，可进行资产管理与价值管理，可形成SP增信，进一步可形成对零息债券的权益增信或终极增信，最终取代美国国家主权信用担保。

综上所述，中国因掌握着无成本货币与风险利差，及其所形成的零息债券、SP增信与特殊目的资管机构,就可利用欧洲负利率市场为中国资本市场服务,通过SP增信及其特殊目的资管机构可以掌握未来全球主要金融资产(基建资产/个贷资产)的全球定价权。

第十章
负利率时代的上海机遇

特殊目的资管与全球定价权
—— 上海何以建成全球资管中心

第一节　中国成本货币与金融监管

一、中国成本货币

目前除了美国的所有发达国家均进入了负利率时代,但引领发展中国家的中国直到2020年末仍然处于成本货币时代,而且处于高息状态,基准利率或无风险利率在2.5%/年左右,有时甚至超过3%/年,中国还深陷于成本货币时代不可自拔,还需假以时日才能迈入负利率时代。中国央行在前20年几乎复制了美联储的运行机制,但令人难以置信的是,在负利率时代已经开启了整整12年之际,中国央行既然不存在美联储股东利益,为什么紧跟美联储的"成本货币"或基准利率,却没跟随无股东利益的欧盟央行或日本央行?

基于成本货币,又大量超发人民币,这对根本矛盾表面上推动着中国经济快速发展,却在根本上导致中国金融体系的内在矛盾不断激化。利率市场化不足,融资利率高企不下;金融杠杆过高,资产风险日益凸显;人民币超发严重,整个金融体系仍然对人民币处于"饥饿"状态;"融资难、融资贵"则表明了中国金融市场上的恶性循环,而所有这一切,均归因于成本货币。

二、中国特色金融

中国金融体系的最大特色,就是以间接融资为主的金融体系,或者以静态融资资管为主的金融资管体系,或者以中央银行为主导的传统机构定价的金融定价体系。从前述资管类型与资产定价权相互关系来说,中国现行资管类型反映了中国金融资管体系基本上处于全球大资管体制的最低端,即融资资管阶段。中国以现代市场定价的动态交易资管为代表的直接融资远远不足,无论是交易资管,还是投资资管,均处于萌芽阶段,或者只是为融资资管充当配角,并服务于融资资管或间接融资。特殊目的资管或另类资管在中国还未真正做好准备,尽管外在形式上确实存在类似的金融产品。

中国金融改革正处于十字路口。以机构定价或间接融资为主的静态融资资管体系,根据系统论"熵"的理论,如中国金融机构所持有的资产风险无法通过市场化交易得以释放,必然会持续增加中国金融机构系统风险,尽管超发货币可以延缓资产风险爆发,但会使所有金融机构处于系统风险的"火山口",直至爆发崩塌那一天。

以间接融资为主的金融体系表现为:2020年中国的商业银行贷款规模已达到280多万亿元人民币(以下均为本币或人民币,外币另定)。非市场化的中国银行间债市只有100万亿元,市场化的证交所债市却只有10万亿元,只是证交所股市市值的1/8,远低于平均债市应5倍于股市的规模,即远低于400万亿元的债市规模。

2019年7月的中国"金融去杠杆",希望把银行机构的表外资产调整到表内管理或者按照表内管理,致使有些"标杆"银行露出了丑陋的"烂尾巴"。因担心触发"金融恐慌",按表内管理的"金融去杠杆"只能无声无息地消失。于是乎,本来希望通过"金融去杠杆"作为中国金融改革的"切入点",但因"金融去杠杆"自身"切入点"不准,导致所谓的中国"金融恐慌",这也反映了当下中国金融系统中的既得利益集团对中国金融改革的恐慌。

三、中国金融监管

中国金融体系以"分而自治"为特征,即央行、银监会与证监会各自管辖着不同的货币市场、利率市场与资本市场,好似"封建割据"式的金融监管体系。据此,银行贷款或融资资产无法资本化,或者资产证券化无法真正实现,尽管存在一些似是而非的金融产品,导致如下中国特色金融:

首先,市场利率无法传导并调整机构利率,利率市场化深度严重不足。

其次,法定利差让银行体系挣得了中国现行经济发展成果,50%以上的经济增长都转化为银行业的利润。

再次,利率居高不下,长短利差倒挂,导致金融产品定价失准,金融产品市场无法进行深度改革。

接着,金融杠杆过高,只是以所谓表外资产作掩盖。中国金融杠杆率在15倍左右,高于巴塞尔协议1倍以上,如果把假的表外资产调整到表内管理。

最后,高杠杆的银行业,必然推动货币超发。中国银行业的M2比美国、日本、欧盟银行业的总和还高,2020年的中国M2高达230兆元。

四、中国金融改革

中国政府及其顶层领导人近3年来一直在中国各地倡导金融资产的"国际交易"或"跨境交易",实际上就是要把目前中国金融体制融入现代国际金融贸易体系,犹如20多年前加入国际(货物)贸易体系(WTO)。特别是习总书记于2020年11月为上海临港新片区提出的"金融资产国际交易平台",正式确立了融入现代国际金融贸易体系的金融改革思路。从某种意义上讲,在无法触动中国现行国内金融规则的条件下,通过引入国际规则推进中国金融体制改造,如同加入WTO,目的是用WTO规则改变中国内部规则,可为中国经济发展释放巨大的生产力,推动中国金融体制在根本性上进行改革。

如前所述,直到目前为止,中国金融机构仍然持有150万亿元的、未资本化的基建融资/基建资产(FI)与个人融资/个贷资产(FP)，这为中国金融改革、引领全球金融未来发展提供了基础资产或者金融稀缺资源。如以这些基础资产引进特殊目的资管机构进行跨境购买，不仅可以实现国际平台建设的战略思想，而且可建成全球资管中心，对国内与国际来说，更是具有重大现实意义。

从国内来说，数百万亿元的基建融资/基建资产(FI)与个人融资/个贷资产(FP)进行国际交易或跨境交易，不仅可以在宏观上实现金融去杠杆，优化金融机构体系与产品体系，推动利率市场化改革，抑制人民币超发与通胀，而且可以在微观上降低融资成本，提高生产效率，引进低成本资金，支持新时代中国的新型基建——"一带一路"基建，甚至全球新型基建。如果中国以基建投、融资为引导，向全球输出基建或新型基建，如同石油美元，可称为人民币基建，构成了人民币国际化的最大回笼资产，将有力地推动人民币国际化。

从国际来讲，国际另类资管机构或特殊目的资管机构可以通过规模化甚至发行数百兆元级别的零息债券，募集低成本资金，并可逐渐加大人民币定价比例的零息债券，不仅上海可以成为全球债券交易中心，而且构成了人民币国际化的最大回笼资产，必将极大地推动人民币国际化。某种意义上讲，人民币债券国际化就是人民币国际化。国际另类资管机构或特殊目的资管机构未来将因购买数百万亿元，甚至上千万亿元的基建融资/基建资产(FI)与个人融资/个贷资产(FP)，作为自身资管对象或基础资产，上海必将成为全球资管中心。

如何用无风险转换方式进行转换或切换，把欧洲负利率资本市场上的低成本资金运用于中国、"一带一路"、甚至全球基建融资，并且以中国蚂蚁、京东的个贷资产/网贷资产的融资型ABS所形成的各种违约数据，及其风险利差数据作为坚实基础，开拓全球个贷资产/网贷资产(FP)市场，占领未来全球金融制高点。这不仅是对中国、对上海，也是对浦东、对临港新片区来说，是难得的历史机遇和使命。

第二节　上海历史机遇与理性选择

习近平总书记高瞻远瞩地为上海临港自贸区提出创建"国际金融资产交易平台"(以下简称"国际平台")这一战略思想,为基建融资/基建资产(FI)与个人融资/个贷资产(FP)这两种基础资产的跨境买卖或国际交易提供了战略机遇。为了落实"国际平台"这一战略思想,上海市政府不失时机地推出创建"全球资产管理中心"(Global Central of Asset Management,GCAM)概念。由于中国非常资管及中国资管机构与国际主流资管或国际资管行业之间存在着巨大差距,因此有必要对全球资产管理中心进行全方位的理论解读及顶层设计。

一、中国非常资管难以成事

上海如引入中国非常资管,无论是国内的公募基金或私募基金,证券化产品(ABS)或房地产信托投资,信托计划、资管计划与理财计划,还是国内的不良资产资管机构,私人银行或家族信托,甚至是对冲基金,均难以建成全球资管中心。

第一,公募基金或私募基金,ABS或房地产信托投资的管理机构,均属于中国证监会监管,早已成为中国各省市追逐的金融牌照或资管机构,不可能集中于上海;私人银行或家族信托,及具有不良资产批发资格的资管机构,均属银保监会监管,分散于中国各地,尽管上海可能会多一些;商事信托下的信托计划、资管计划及其理财计划,均属证监会与银保监会监管,同样分散于全国各地,尽管在上海发行交易的产品多一些;私人银行或家族信托,则分散于各个商业银行与信托机构,包括国际金融机构,尽管上海所占比例可能会大一些。

因此,中国非常资管,首先早已成为中国各个地方的重要金融资源,肯定难以统合于上海;其次以信托责任为基础的全球大资管体制也肯定无法在上海实施,除非中国金融体制改革一步到位;最后上海如以不良资产去构建全球资管中心,肯定贻笑天下。

第二,从特殊资源来看,商业银行的近百万亿元表外资产可能会从中国银行间债券市场上移出,如以资管计划在上海证交所或国际平台上发行交易,看似可以形成规模庞大的资管市场,其实可能会完全偏离交易设计目标。首先,这种资管产品如何在完全市场化的资本市场上进行市场交易与市场定价,不再是解决表外资产的流动性问题。其次,银行间市场上的各种增信产品,无论是信用违约互换(CDS),还是信用风险缓释凭证(CRMW),是否真正敢于对这种资管产品进行增信,非常值得期待。因为这不再是银行间市场上资管产品的"装饰板",只要这种资管产品具有流动性即可。何况,这些以商业银行表外资产为资管产品或理财产品不仅与全球大资管无关,而且与国际另类资管也无关。因此,如以此规模的资管产品作为交易产品,上海肯定也难以称得上全球资管中心。

二、上海理性选择方可成事

上海要建成全球资管中心,除了要满足中国金融改革需要,还要满足中国对国际资本市场的需求,包括且不止于融入低成本资金支持中国新型基建及其"一带一路"基建,紧密联结国际资本市场以严防"金融脱中",促进人民币国际化,掌握未来最大金融资产的全球定价权,维护中国金融安全。

上海要建成全球资管中心,除了上述历史机遇及时代大背景、大环境外,作为顶层设计,还要理性选择资管类型,因为中国还处于金融资管或利差资管(Spread VM)的初级阶段,即传统机构定价的静态融资资管,也就是以间接融资为主的金融机构体系。所以,以金融资管或利差资管为主的中国金融体系,应该朝着特殊目的资管方向去掌握资产定价权,而非美国式以对冲基金通过"冲击价格"方式去掌握资产定价权,从而维护美国主权信用及其"美元霸权"。

尽管美国创造了全球独一无二的特殊目的资管机构——"美国两房",

掌握着发达国家和地区最重要金融资产或按揭资产的全球定价权，却因美国主权信用支持可获得低成本资金，使得"美国两房"独步天下，成为全球"孤版"。与此同时，美国主权信用及其"美元霸权"不会容忍任何国家去复制"美国两房"，对于以美国或美元信用为基础的国际金融体系来说均是如此，无论是上至"美元霸权"或者全球垄断的三大国际评级机构，还是下至信用违约互换等衍生产品。据此，为了维护"美元霸权"，获得全球货币税，调控美元超发，美国需要的是对冲基金式的国际另类资管，通过"价格冲击"或"定价操动"去掌握全球资产定价权，无论是策略对冲，还是量化对冲。而且，美国对于对冲基金这种国际另类资管，成功地将金融资管或利差资管引向"全球大资管"，并逐步形成以股市、汇市、大宗商品的期市及其衍生产品市场为主导的"全球大资管"，维护以美国主权信用及其"美元霸权"为基础的国际金融体系，并导致国际金融业界与金融学界忽略对美国主权信用及其"美元霸权"的深刻检讨。

在金融资管或利差资管这方面，中国与同为大陆法系的欧盟相似，欧盟金融机构体系基本上也以间接融资为主，特别是欧盟已迈入负利率时代，中国央行的基准利率或者无风险利率（RFIR）却处于 3% 左右，两地存在巨大利差。因此，在进行全球资管中心顶层设计时，应充分考虑欧盟金融因素。首先，欧盟已形成负利率市场，已经发行近 30 兆欧元负利率债券；其次，尽管欧盟为负利率市场或无成本货币，但债券形式却并未从年度收益率（ARR）债券转化为零息债券或复利债券（ZCB），并受制于信用理论，无法在零息债券中发现 SP 增信，及其取代国家主权信用担保的客观事实；再次，尽管按揭利率已为负利率，但市场化个贷利率仍高达 8%～10%；最后，基建融资在欧盟还未找到金融产品支持，欧盟基建融资，特别是高科技基建融资，前景看好。

美国尽管有 2 兆美元进行名义上的基建投资，实质上却是基建融资，因为美元发行是以美国国债发行与抵押为前提条件的。但是，以美国为首的 G7 却推出了"B3W"的全球基建投资计划，希望在 2035 年前完成 40 万亿美元的基建项目投资。这个"B3W"全球基建投资计划的实质，就是与中国争夺或分享"一带一路"建设所带来的对世界各国政治经济的影响力。但是,如何对基建融资进行市场化定价,以何种方式去实现基建融资,最终如何掌握基建融资的全新定价权,这是中国与以美国为首的 G7 进行决胜的关键。

据此,上海对于建设全球资管中心的顶层设计,就是如何结合中国特色金融与现实条件,推动中国金融改革,如何将中国与欧盟之间的巨大利差进行无风险转换或套利,如何把欧盟负利率市场上的低成本资金,用于中国新型基建或"一带一路"基建,如何掌握可持续增长的基建资产与个贷资产的全球定价权。理性地进行资管类型选择,就是运用特殊目的另类资管,以"全球两融"复制并取代"美国两房",以数百兆、千兆元的资产规模,在上海临港自贸区建成全球资管中心。

三、政策优势

上海临港自贸区的政策优势,在于真正实施"负面清单"管理机制,坚决排除境内外各种因素的干扰,特别是排除中国金融分类监管对特殊目的资管机构的盲目监管。

"全球两融"是作为资管型 ABS,是具有特殊目的的,即通过公司股权结构支持负债结构的权益增信去求得基础资产的风险定价,从而为降低基础资产融资成本提供客观基础。据此,"全球两融"属于特殊目的资管机构,或者为经营风险利差的另类资管机构,难以归于中国金融分类监管,只能依赖于上海临港自贸区的"负面清单"管理机制。

对于支持"全球两融"的增信机构来说,它既非简单的资产管理,而是风险资产管理;亦非保险机构,却需依赖于保险会计处理方式,才能设计出100%风险覆盖率的数学模型;更非担保机构,但又须对增信对象承担赔偿责任。因此,只有"负面清单"管理机制,才能使管理风险利差的另类资管机构或增信机构落户于上海临港自贸区。

致力于拥有数十兆元基础资产的数十个"全球两融",以及取代国家主权信用担保的增信机构,只有落户于上海临港自贸区,并依据"负面清单"管理机制,才能使临港自贸区建成全球资管中心,上海才能真正成为全球最大的国际金融中心。

四、战略利益

1. 国家整体战略利益

国际金融资产交易,或者基础资产与增信资产的国际交易,不仅可以实现国际平台的战略思想,建成全球资管中心,融入国际金融贸易体系,如同加入世界贸易组织(WTO),可为中国带来巨大的国家战略利益与时代战略利益,以及全球战略利益,对中国具有重大的现实意义。通过国际平台发行复利债券,在欧洲负利率资本市场上募集低成本资金的"全球两融",可在金交中心批发持续购买基础资产,则意味着为上海临港自贸区提供数百兆元资产交易,并将衍生出的各种金融产品可能高达千兆元甚至万兆元,可为上海临港自贸区带来如下金融聚核效应,打造全球顶层金融生态链的"曼哈顿",这关乎着上海及其临港新片区的最重大经济利益。

1)为基建融资提供资金引擎

上海建成全球资管中心,可为中国新型基建、"一带一路"基建等提供低成本资金。通过国际平台,中国金融机构持有的高达百万亿元基建资产与个贷资产得以批发出售给注册在上海临港新片区的境外资管机构,中国金融机构获得的交易资金可持续地贷款给中国新型基建与"一带一路"基建,循环往复,不断交易资产,不断提供新的资金,真正成为基建融资提供资金的最佳引擎,可以良性循环地、持续地支持基建融资。

2)人民币国际化

国际化发行交易的复利债券将逐步以人民币定价,可极大地推动人民币国际化。在上海临港新片区的境外资管机构,单靠其注册资本或股东借款是不足以在国际平台上完成高达百万亿元的批发购买中国金融机构出售的高达百万亿元基建资产与个贷资产。作为特殊目的资管机构,境外资管机构购买资产的资金,要么来源于买卖型 ABS,要么来源于债券融资。因此,发行零息债券在欧洲负利率市场上募集低成本资金,是境外资管机构购买资产的主要资金来源。

境外资管机构发行零息债券,开始时主要以国际著名资管机构为主,中资资本集团境外资管机构为辅;开始时以欧元或美元定价,少量人民币定价;基于境内资产购买是以人民币定价的,未来人民币定价的零息债券具有广泛的增长性,特别是随着人民币国际化程度的提高,零息债券以人民币定价的比例会持续提高。人民币债券国际化,就是人民币国际化,或者是人民币国际化最重要的部分。

3) 金融去杠杆,抑制人民币超发

境内金融机构出售高达百万亿元人民币的基建资产和个贷(网贷)资产,中国可以实现金融去杠杆,优化金融机构结构体系与产品体系。中国金融机构持有的高达 1.5 百万亿元的基建资产和个贷(网贷)资产,占据中国金融机构超过 40% 的资本杠杆率,中国金融机构整个资本杠杆率(包括表内表外)高达 15 倍。如果能够出售基建资产和个贷(网贷)资产,那么,中国金融机构的杠杆率可以下降到 8 倍左右,可以符合巴塞尔银行监管协议的要求。

中国商业银行得以金融去杠杆,信贷资产可以批发出售,中国商业银行演变为无风险套利的零售机构,一定会成为巴塞尔银行监管协议的"优等生"。与此同时,央行必然无需扩大 M2,得以最大程度上抑制人民币超发。

4) 利率市场化与降低融资成本

由于中国仍是以央行与银行的间接融资为主的金融体系,信贷资产买卖(市场化)必然形成市场化定价。市场定价的信贷资产,必然促进中国利率市场化,降低融资成本。因为竞争性的资产交易价格,必然导致资产定价的下降,融资成本必然因此而下降。

又基于商业银行与金融机构可以出售金融资产,使其成为无风险套利的金融零售机构,加速资本周转率,扩大资产交易数量,则是金融零售机构提高经营效益与资本收益率的最佳途径,因此也就解决了"融资难、融资贵"中国式难题。

5) 维护国家金融安全,严防"金融脱中"

通过复利债券及其利差增信,可加强中欧金融深度合作,其影响将会远超中欧投资协议。中美之争将会持续展开,也许是 21 世纪最大的事件。中国处于低位,必须合纵连横,下好一盘围棋。中国倡导的"一带一路"建设,其实是为了实现人类命运共同体。如果单打独斗,单挑"美元霸权",不仅要面对美国强硬压力,而且容易被世界多极力量所误解。此次美国在英国 G7 会议上提出的"B3W"全球基建计划,就是希望取代中国倡导的"一带一路"所带来的国际政治经济的影响力。中国如何走好"这盘棋"至关重要,涉及维护国家金融安全,严防"金融脱中"的国家重大战略。

2. 新时代中国战略利益

1) 从国际来说

美元霸权主导着现行全球大资管体制,并通过三大国际著名信评机构所谓的"信用等级"掌握着几乎全部金融资产的全球主导权,即使市场定价的"美国两房"也只是美元霸权的衍生品或附属品,并有意弱化了对特殊目的资管的进一步认识。

新时代中国应该从金融大国向金融强国迈进,也就是说,中国金融体系应该融入现代国际金融贸易体系,并且在这个体系中,形成多极金融力量分散、制约"美元霸权",最终改造现行以"美元霸权"为支撑的现代国际金融贸易体系,形成负利率时代的完全市场定价的国际金融贸易体系,新时代中国作为这个崭新的国际金融贸易体系创始人,必然具有极大的发言权。

2) 从国内来说

近 20 年来,中国形成了以央行为核心的、间接融资为主的金融体系,及既得利益的金融集团。可以说,这个金融体系是以人民币超发维系现行金融集团的既得利益,加上对基准利差与外汇顺差"双隐匿"的疑虑,对于新时代中国来说,无论是政治风险,还是经济风险,犹如"黄河之水天上来",国家不仅越发难以节制美联储式的央行,而且金融分类监管限制着金融创新,新时代中国难以重置金融资源。

若能建立以直接融资为基础的全球资管中心,以利差增信支持的"全球两融"取代美元霸权支撑的"美国两房",与欧洲主流资本深度合作,掌握未来主要金融资产全球定价权,便可与美元霸权分庭抗礼,而且可以掌控或制约中国央行及其金融体系,新时代中国便可重新分配金融资源或金融集团的既得利益。

3. 上海及其临港新片区的战略利益

通过国际平台发行零息债券,在欧洲负利率资本市场上募集低成本资金的"全球两融",可在金交中心批发持续购买基础资产,则意味着为上海临港新片区提供数百兆元资产交易,并将衍生出的各种金融产品可能高达千兆元甚至万兆元,可为上海临港新片区带来如下金融聚核效应,打造全球顶层金融生态链的"曼哈顿",这关乎着上海及临港自贸区的最重大经济利益。

(1) 中国数以千计或万计的、各种各样的商业银行或金融机构所持有的这两种基础资产,将作为金交中心的交易卖方入驻上海临港新片区,将持续与国际平台及与"全球两融"保持密切的沟通与互动,在未来的10年可实现数百兆元的基础资产交易。

(2) 国际资本巨头,包括中资资本集团境外机构,将在上海临港新片区成立数十个注册资本不低于千万美元的"全球两融",未来每个"全球两融"均可持有数十兆美元的基础资产,上海才能真正建成全球资管中心。

(3) 基于国际平台上的零息债券属于国际化发行交易,因此进入增信中心参与增信资产交易的,不仅是中国金融机构、全球金融机构,而且可以是不持有金融牌照的全球所有资本机构。因此,增信中心将带来数以万计的、各种各样的国内金融机构与资本机构入驻上海临港新片区,有利于形成全球最大国际金融中心的金融生态链。如以上述数百兆元零息债券发行规模计算,增信中心的增信资产交易规模也可高达数百兆元。

(4) 人民币与外币因国际平台上巨量的标准资产和非标资产进行交易而热烈涌动,极大地吸引着各种国际级的商业银行;增信的零息债券将作为无风险利率产品,可开展做市业务,10年内做市业务可达千兆元人民币。这种规模的做市商业务,可以吸引几十个全球顶级的商业银行与投资银行因交易需求而相继涌入上海临港自贸区,不仅为提升临港新片区的商业地产提供必要的大客户,而且有利于形成全球最大国际金融中心的金融生态链。

(5) 围绕着数百兆元标准资产和非标资产的国际交易,国际与国内各种专业机构会云集上海临港新片区,包括且不限于全球各券商、基金、私募基金、大律师行、会计师行、咨询师行、评估机构、仲裁机构、尽调机构等与金融资产相关的数万家金融中介机构,为提升该区域内的商业地产提供不可或缺的机构客户,同时也将形成全球最大的国际金融中心的金融生态链。

(6) 基于上述金融机构入驻上海临港新片区,可由不同层次国际平台上的买方或卖方,或者交易中介机构,形成一个巨无霸的金融生态链,从而为上海临港新片区建设成为"曼哈顿"提供了可能性与可行性,永葆上海国际金融中心地位不可撼动。

(7) 对于中国最重大的现实意义是,国际平台与全球资管中心相得益彰,不仅可为中国基建,或者"一带一路"基建,甚至全球基建提供低成本资金,国际化发行交易的零息债券将逐步以人民币定价,可极大地推动人民币国际化,提升上海国际金融中心地位,掌握未来全球最大宗金融资产定价权,而且可为中国金融去杠杆,优化金融机构体系与产品结构,推动利率市场化改革,终结"融资难、融资贵"难题,促进中国迈入金融强国提供最佳方案。

第十一章
上海创建全球资管中心

特殊目的资管与全球定价权
—— 上海何以建成全球资管中心

第一节　全球资管中心与"全球两融"

一、以"全球两融"为基础

SP增信理论不仅适合中国金融体制改革,促进金融去杠杆,推动机构定价向市场定价转化的利率市场化改革,优化金融机构体系与产品结构体系,而且适合为中国基建、"一带一路"基建及全球基建提供低成本资金,推进人民币国际化进程,严防"金融脱中",有利于中国融入现代国际贸易体系,更有于中国早日迈入金融强国。

建设全球资管中心,就是获得具有可持续增长的重要金融资产的全球定价权。由于投资资管无法集中在某地,也就无法在上海建成"全球资管中心"。因此,金融资产的全球定价权只有在金融资管中进行寻求。如前所述,"美国两房"作为特殊目的资管机构,掌握着发达国家和地区按揭资产的全球定价权,但基于美元霸权或"政府支持企业","美国两房"可获得的低成本资金,导致其所代表的特殊目的资管及其资管机构可以独步天下,成为全球孤版。在负利率时代,零息债券的理性回归,利差转移的 SP 增信应运而生,可以支持零息债券在负利率市场上获得如同"美国两房"一样的低成本资金,据此应该可以拉开复制与取代"美国两房"的历史大幕。

与"美国两房"一样,不仅要具有同样的特殊目的资管及其资管机构,而且与其持有的基础资产(按揭资产)一样,具有可持续的增长性。这个未来金融资管或者特殊目的资管的主要对象或基础资产,就是基建(融资)资产(FI)与个贷(网贷)资产(FP),对这种基础资产进行管理的特殊目的资管机构,称为"全球两融"。基建资产与个贷资产作为"全球两融"的基础资产,主要原因在于,随着贷款对象逐渐缩小为独立的中小企业,导致风险增加,又基于个人信用管理完善,个人贷款反而获得持续增长,这是负利率时代产生的重要因素,也是重要现象之一;又基于负利率时代零息债券必然回归,零息债券不仅有利于基建项目,有着非常广阔的发展前景,而且可实现利差转移的 SP 增信,以零息债券为基建融资主要形式,可以获得金融产品 SP 增信的支持。因此,基建资产的地方政府与个贷资产的个人,将是未来金融机构最主要最具可持续增长的融资对象。

所有商业银行深知,独立中小企业贷款风险较大(因为其破产倒闭率比较高),反而个人贷款因风险相对较低(个人信用体系建设完善),贷款利率较高而不断扩大,必将成为未来信贷市场主要贷款对象或资管对象。与此同时,基建巨人的中国引领着"一带一路"基建事业,基建融资的主要债券将极大激活发达国家和地区的基建融资需求,并将成为未来信贷市场最重要主角之一。基于独立中小企业的风险,伴随个人贷款利率不断降低,又从"逾期违约"向"条件违约"转化,绝大多数独立中小企业将归于个体工商户贷款,属于个人创业贷款。据此,个人贷款与基建融资是未来信贷市场上的两大主角。这两个可持续增长的基础资产一旦运用于特殊目的资管,"全球两融"就具有了未来金融资产的全球定价权。

二、以风险资产批零机制为辅助

基于中国信贷资产/金融资产难以进入证交所资本化或证券化,虽然在法律上没有任何操作障碍，却在信贷资产交易监管上存在许多难点。除非改革这一"封建割据"的资本市场，建立方便于信贷资产进入证交所资本化或证券化，应该将境内信贷资产进行跨境交易或国际交易。近几年习总书记在中国各地提出的金融资产"跨境交易"或"国际交易"及建设相应国际交易平台的战略思想，都是非常及时和重要的。

金融资产或信贷资产的"跨境交易"或"国际交易"，可以摆脱国内交易监管的困惑，因为中国法律允许信贷资产或金融资产进行交易，具有交易的合法基础。只要在习总书记前述战略思想指导下，金融资产或信贷资产的"跨境交易"或"国际交易"不会存在任何监管障碍，一定会顺利进行。根据习总书记的金融资产或信贷资产"跨境交易"或"国际交易"战略思想，在非标资产交易市场的条件下，南光集团率12个央企在澳门设立了"澳门中华国际金融资产交易股份有限公司"，海南自贸港在三亚开设了"国际金融资产交易中心"。在标准资产交易市场的上海，仅把习总书记为上海临港自贸区提出的国际平台理解为上交所的"国际版"，即标准资产交易市场，肯定是狭隘的。

国际平台，不仅应该是上交所的"国际版"，股票、债券、证券化产品及其衍生产品的标准资产交易市场，而且应该是非标资产交易市场，抑或是包括独立的增信资产交易市场，应该是一个多层次的国际平台。并且，三个交易市场应该存在广泛的互动，特别是围绕着全球资管中心建设，三个交易市场更应互相支持，互相依赖，互相配合。

增信资产其实也是金融资产，属于非标资产，可在国际平台非标资产交易市场上开展增信资产交易，设置利差转移（SP）的批零机制。当然，也可独立创设"增信资产国际交易中心"开展增信资产国际交易，并设置利差转移（SP）的批零机制。一旦信贷资产与增信资产可以"跨境交易"或"国际交易"，我国就可引进国际著名资管机构入驻上海临港自贸区，并引入特殊目的增信机构入驻上海临港自贸区，由此开始，"全球资产管理中心"便有了坚实基础，相信我国在10年内可以完全建成"全球资产管理中心"。

第二节 总体规划

一、总体思路与总体构架

总体思路就是通过制度创新、资产合约与电子数据，便可支撑起数百兆元级、甚至千兆元级的全球资管中心。在选择了以金融资管或利差资管（Spread AM）为基础的特殊目的资管条件下，在 SP 增信理论支持下，全球资管中心建设总体思路与总体构架如下所示。

1. 总体思路

（1）建成习总书记于 2020 年 11 月为上海临港自贸区提出的"国际金融资产交易平台"（以下简称"国际平台"）。国际平台本应不仅包括发行股票债券的标准资产国际交易市场（以下简称"标准市场"），也应包括信贷资产、个贷（网贷）资产及其他非标资产国际交易市场（以下简称"非标市场"），更应包括增信资产国际交易市场（以下简称"增信市场"）。基于国际平台的标准市场已由上海证券交易"国际版"所用，标准市场建设应与其他两个市场分别建设，其他两个市场均可在上海临港自贸区另行建设。

（2）前期先引入几家国际著名资管机构入驻上海临港自贸区，为防止价格垄断或市场垄断，随后应逐渐引入中资集团境外机构在上海临港自贸区设立特殊目的资管机构（SPC）。在一定竞争条件下，上海临港自贸区通过建成数十个规模庞大的、具有全球定价权的"全球两融"，逐步建成全球资管中心。

境外资管机构不是简单地引进来管理中国人的资产，挣中国人的钱，而是要境外资管机构从负利率市场上引进低成本资金，赢得资管利差，获得正当利益。这就必须对境外资管机构的经营方向进行指导，引导他们朝着特殊目的资管机构方向去发展资管业务。以股小资大的"美国两房"式模式吸引境外资管机构，以债券创新增加承销费模式吸引国际主流资本（Old Money）。

（3）邀请国内拥有特殊金融资源的各种机构聚集于上海临港自贸区，包括持有基建（融资）资产、个贷（网贷）资产的各个商业银行、小贷（网贷）机构及其他金融机构入驻上海临港自贸区，或者入网非标市场。与此同时，增信机构及其作为增信资产零售交易机构的全球金融机构与资本机构聚集于上海临港自贸区,或者入网增信市场。因建成全球资管中心所汇聚的巨大金融生态链,将在上海临港自贸区横空出世。

2. 总体构架

以中国各个银行与金融机构数百万亿元基建资产与个贷资产为出售的基础资产,形成如图 11-1 所示的数十个以上资管行业、数千万亿元资管规模的全球资管中心。

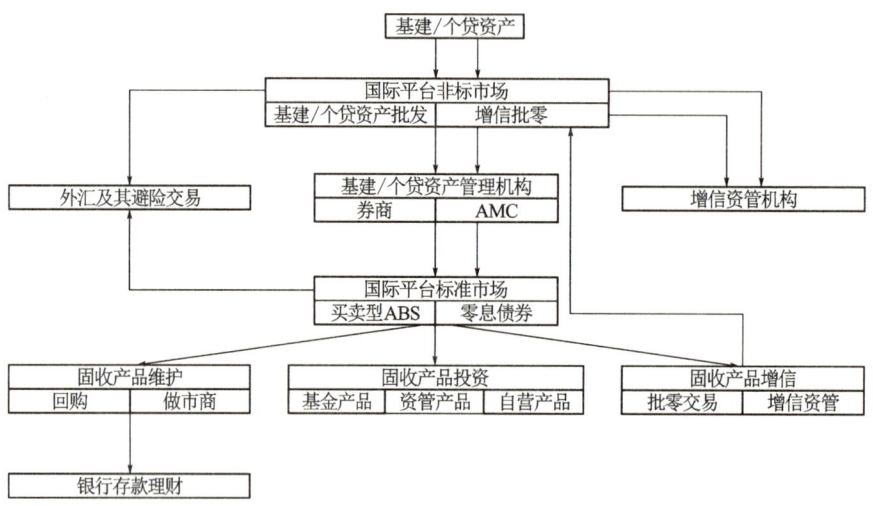

图 11-1　数千万亿元级的上海全球资管中心

(1) 基建资产与个贷资产作为在国际平台的非标资产交易中心进行国际交易的金融资产,交易资产总规模与数百万亿元基础资产保持基本一致。

(2) 作为基建资产与个贷资产的批发购买方,境外资管机构所管理的基础资产规模也可达数百万亿元,无论是买卖型 ABS,还是资管型 ABS。

(3) 在"标准版"国际平台上,境外资管机构可以发行买卖型 ABS,也可以发行零息债券,两者规模总和应该达百万亿元,与其管理的基础资产基本持平。

(4) 与此同时,在"标准版"国际平台上的买卖型 ABS 或零息债券购买者,无论是债券基金,还是其他资管机构,抑或是以自有资金投资的金融机构,购买后形成这些机构名义所管理的基础资产,资管规模也同样为百万亿元之巨。

(5) 买卖型 ABS,特别是零息债券,均需要提供流动性支持措施,包括回购交易机制与做市交易机制。无论如何,这两个流动性支持措施所产生的交易总规模,如以年度为计算,应该不会低于百万亿元,那么,整体规模可能高达千万亿元。

(6) 支撑流动性支持措施的,无论是回购交易机制,还是做市交易机制,均离不开银行存款的理财产品,在总规模上应该与流动性支持措施相当。

(7) 无论是买卖型 ABS,还是零息债券,如果希望获得欧洲负利率资本市场主流资本的青睐,必须给予增信。增信总规模应与买卖型 ABS 与零息债券的资产规模相当。

(8) 在 SP 增信中,增信资产或风险资产交易需要在国际平台的非标资产交易中心进行批零交易,因此会产生双倍于买卖型 ABS 与零息债券的资产规模的交易资产。

(9) 增信资产管理机构或增信机构,对批发购买的增信资产或风险资产进行价值管理,管理规模与买卖型 ABS 与零息债券的资产规模相当。不仅如此,增信机构还可为其他金融资产进行增信,增信资产规模还会进一步增加。

(10) 上述数十个行业资管规模高达数千万亿元,还未计算境外资管机构外汇资产管理规模,及其外汇资产风险规避与风险对冲的管理规模。

二、整体运行机制

运行初期,由中国境内的商业银行、个贷(网贷)机构等金融机构通过非标市场将基建(融资)资产(FI)与个贷(网贷)资产(FP)出售给入驻于上海临港自贸区的境外资管机构;境外资管机构通过标准市场发行复利债券(ZCB),并在增信市场上交易增信资产,使得增信后的复利债券作为无风险利率产品(RFRI)在欧洲等负利率市场上募集低成本资金,用于可持续购买基建(融资)资产(FI)与个贷(网贷)资产(FP),最终形成数十个资产规模各超数十兆元的"全球两融",上海临港自贸区则可建成对可持续性增长的基建(融资)资产(FI)与个贷(融网贷)资产(FP)等金融资产具有全球定价权的全球资管中心。

正常运行后,除了中国,"一带一路"沿途各国,甚至发达国家的基建(融资)资产(FI)与个贷(网贷)资产(FP)也因此获得空前发展,都将会由世界各国的金融机构通过非标市场进行交易,获得批零利差,进行无风险套利。那么,"全球两融"将持续地在标准市场上发行复利债券,又在增信市场上交易增信资产,以期在全球负利率市场上获得低成本资金,持续地在非标市场上购买资产。因此,"全球两融"资产规模将会无限发展,可能会高达千兆、万兆元。上海临港自贸区形成"全球两融",便可形成以下多赢局面:

(1) 入驻上海临港自贸区的境外资管机构,无论是国际著名资本机构,还是国内资本境外机构,通过建立"全球两融"资管模式可获得巨额风险利差。基于境外资管机构"股小资大",巨额风险利差可提升境外资管机构股价,据此可吸引全球另类资管巨头们落户于上海临港自贸区,上海方可有机会形成全球资管中心。

(2) 因境外资管机构或"全球两融"持续地通过非标市场购买基建(融资)资产(FI)与个贷(网贷)资产(FP),境内商业银行、个贷(网贷)机构等金融机构将推动境内这些金融资产的机构定价转向市场定价,加快中国利率市场化改革步伐,不断降低融资成本。与此同时,境内商业银行、个贷(网贷)机构等金融机构可以实现金融去杠杆与抑制M2人民币超发,优化金融机构体制与金融产品结构。

(3) 上海在全球金融中心排位中已进入前三,但债市短板或股债市值比例倒挂,拖累上海国际金融中心地位。上海建成全球资管中心后,可大幅提高标准市场的"全球两融"发债规模,从而提升上海国际金融中心地位。

(4) 无论是非标市场,还是增信市场;无论是增信机构,还是数以万计的增信资产零售商,均将获得交易利差,实现无风险套利。由此可见,利差资管或金融资管,在SP增信的"全球两融"中,所有参与利差交易的金融机构或资本机构,均可实现无风险套利。中国上海所主导的"全球资管中心",必将对作为"全球两融"基础资产的金融资产具有全球定价权。

三、排除金融监管障碍

金融资产国际交易,离不开成熟的国际金融贸易规则。金融资产与国际交易,两者在根本上要依据国际上已经成熟的金融贸易规则;否则,世界各国各自定义金融资产,各自依据国家法律处理国际金融贸易纠纷,则难以开展金融资产国际交易,也就无法融入现代国际金融贸易体系或全球大资管机制。金融资产国际交易若是停留在口头上或纸张上,无法真正推进实施,交易平台很可能成为形式主义的牺牲品。据此,首先应该确认与建成全球资管中心紧密相关因素的合法性,其次确认国际交易规则适用的法律问题。

1. 合法性

基建资产与个贷资产,作为信贷资产或个贷资产进行交易,依据中国现行法律应该没有任何障碍,不存在任何禁止性或限制性转让条款,尽管存在国内金融监管政策的一些限制。根据中国法律基本原则,国际交易或跨境交易应该依据中国法律而非部门内部政策。特别是在习近平总书记提出创建国际平台后,部分监管政策应予以自动调整,配合金融资产国际交易。何况,在近期海南自贸港的金融资产跨境交易政策中已经包含了信贷资产。上海临港自贸区应该明白基建资产与个贷资产这两个基础资产的国际交易对建成国际平台与全球资管中心,对创建"全球两融",提升上海国际金融中心地位所具有的战略利益与现实意义。

"全球两融",作为特殊目的资管类型,特殊目的公司式证券化产品,或者资管型ABS,无法纳入中国分类金融监管范围,无论是归属资管公司,还是证券化产品,抑或是权益增信机构,均无法找到分类监管范围。因此,上海临港自贸区应根据"负面清单"政策进行创建与监管。

增信,国际通用,中国有之。但适合"全球两融"复利债券的增信,可为"全球两融"募集低成本资金的增信,却难以归入中国分类金融监管范围。"中债增信"及其交易的增信产品(CRMW/CDS),其实并未归入中国分类金融监管范围,只有"中证增信"因其没有推出增信产品而无奈地领取融资担保牌照,归入地方融资担保监管。据此,上海临港自贸区应根据"负面清单"政策进行创建与监管。

2. 适用法律

基于国际平台定位,因为上海临港自贸区在国际交易中采取"负面清单"制度,而且发行交易主体为境外机构,为了中国金融资产或金融机制迅速融入国际金融贸易体系与全球大资管机制,交易平台上的金融资产国际交易,应遵循如下基本原则:

(1) 正常交易以交易平台所制定的交易规则为主。

(2) 交易纠纷应以欧美等发达国家的国际金融贸易规则为主,辅之于临港自贸区及其交易平台所制定的"负面清单",维护国家主权。

(3) 按境内基础资产与境外金融产品及其发行人分别管辖,解决境内外的法律冲突问题。

基于现有法律政策,可以参考下述现行政策法律:

(1) 中国自贸区的"负面清单"制度。

(2) 最高人民法院关于中国自贸区的法律管辖与法律选择政策。

(3) 上海正等待中央的"大礼包",即人大授权自贸区在"法律适用"上的立法立规,这是对交易平台最大利好与最大支持。

3. 经验教训

新加坡与迪拜的国际金融中心地位及其提升,完全有赖于适用伦敦金融城国际金融贸易规则,附之于"负面清单",在维护国家主权的条件下,迅速融入现代国际金融贸易体系,在短短十几年间成就了地区国际金融中心的地位。香港作为国际金融中心,关键也是在于"自贸港"及其财产交易制度,使其无障碍地融入现代国际金融贸易体系。

上海如能借助于习近平总书记给予上海的有利机会,利用临港自贸区及其交易平台,以 WTO 规则与现代国际金融贸易规则为金融资产及国际交易的法律基础,真正实施"负面清单"制度,正常解决法律管辖、规则选择与法律冲突问题,将会使中国迅速融入现代国际金融贸易体系与全球大资管体制,上海必将成为全球最大的国际金融中心,新时代中国必将从金融大国迈入金融强国。

第十二章
全球资管中心设计预案

特殊目的资管与全球定价权
—— 上海何以建成全球资管中心

第一节　国际平台设计预案

一、多层次国际平台

国际平台应该是标准市场、非标市场与增信市场相互联动的多层次金融资产交易平台,应该区别于上海证交所和地方金融资产交易中心。上海临港新片区所搭建的国际平台,应该主要是给国际资本,包括境外金融机构、投行机构、资管机构、企业集团,用于在国际平台的标准市场上发行交易股票、债券、证券化及其他结构性融资产品等固收产品;用于在国际平台的非标市场上批发购买境内金融机构出售的基建资产与个贷资产;用于在国际平台的增信市场上进行增信资产的批零交易,形成一个外汇平衡、良性循环的多层次资产交易的国际平台。国际平台上的三大资产交易市场的基本特征如下。

1. 发行交易主体不同

与境内上交所及地方金融资产交易中心不同,在国际平台上,金融产品与证券产品的发行主体应该均为境外机构,不是境内机构。尽管境内机构可如同全球资本一样,可参与国际平台上的金融产品交易,甚至还可在国际平台上提供金融资产转让,并由境外机构进行投资并形成国际交易。其实,研究发行交易主体问题,是为了厘清与解决法律适用问题。

现在国际平台标准市场是由上海证券交易的"国际版"所主导,无论是股票,还是债券,抑或是其他固收产品,发行主体均为境外机构。特别是债券与其他固收产品,发行主体确定为境外机构,基本上解决了在上海临港新片区设立的"国际版"及其金融产品法律适用问题与金融监管问题。也就是说,"国际版"上的证券产品与固收产品均可按国际规则发行交易,不必受限于境内金融法律法规及其金融监管制度。

非标资产交易市场,关键在于商业银行与个贷机构所持有的基建贷款与个人贷款可否依照法律规定进行出售,境内金融监管规则止步于国际规则,并且资产买卖的外汇管理进一步解放思想。增信资产交易市场可以独立,也可以嵌入非标资产交易市场,当然也可在境外,比如澳门建立增信资产交易市场。因为增信资产批零交易的主体均可为境外机构。

2. 基础资产应在境内

无论是股票类型的证券产品,还是债券、证券化产品等金融产品,甚至增信资产类的增信产品,作为标准资产的基础资产均可能源于境内,或者由境内各类金融机构提供。这是因为:

其一,在国际平台上,金融产品或证券产品发行人,主要是境外资企业,或者企业资产或经营业务在境内的境外上市企业回归上市或分股上市,当然也欢迎国际知名的科技企业在国际平台上市或分股上市,即使上市之前的企业资产或经营业务不在境内,未来却可能在境内具有重大投资或巨大的潜在业务。

其二,债券或证券化产品,甚至增信资产的基础资产均在中国境内,属于境内金融资产或企业资产。这些金融资产或企业资产,通过国际平台的国际交易成为境外机构发行债券或证券化产品,及增信资产的基础资产。

3. 投资主体多元化

上海临港自贸区的国际平台是中国对外开放的窗口,当然欢迎世界各国投资者,包括中国境内投资者参与交易平台的产品交易,不限制全球任何投资者的参与。据此,"以境外机构为国际平台的发行交易主体,以境内资产国际交易为辅"的精准定位,包括下述两层含义:

首先,以境外机构为国际平台的发行交易主体,是基于境外机构所发行的证券产品与金融产品,便于全球主流资本投资,易于吸引全球主流资本。如以境内机构为国际平台的发行交易主体,所发行的证券产品与金融产品就很难吸引全球主流资本,这是目前境内证交所可能面临的最大困境,也是创办国际平台的原因之一,这也成为上海提升国际金融中心地位的最大瓶颈。

其次,以境内资产交易为辅,是将境外资管机构锚定于上海自贸区,将其发行金融产品所募集的全球巨额外汇资金与低成本资金完全融化于境内金融资产之中,并在融入现代国际金融贸易体系的同时,以资产交易定价机制分步与稳步推进人民币国际化。

二、不同建设阶段

上海建设全球资管中心,需要分不同建设阶段,实现不同目标。

1. 第一阶段

这个阶段主要是中国金融科技企业因合规经营需要由其境外机构在上海自贸区设立资管机构(AMC),在国际平台非标市场上购买自身相应的网贷资产。这个部分的购买资金均是中国金融科技企业在外上市获得的外汇资金,并非发达国家的外汇资金,而且大部分都是从香港资本市场上投资进入上海临港自贸区的。在这个阶段,资产交易一开始便可达到万亿元级规模,有利于提升国际平台的投资建设信心,有利于中国继续引领全球金融科技的迅猛发展,更有利于为引入外资树立榜样。这个阶段又可分为两个部分。

(1) 倡导"新型金融科技平台"开辟创新金融,以"蚂蚁京东"为反面案例,摒弃"蚂蚁京东"批零交易与资产管理一体化的"垄断"经营,抑制"获客"

与"卖客"的不良经营趋势,建立以"资产买卖"型的金融科技平台,从而从根本上解决蚂蚁集团资本高杠杆的监管问题,彻底解决个人信息非法买卖问题,破解网络金融的"P2P"问题。"新型金融科技平台"可与"蚂蚁京东"站在同一起跑线上,加入全新的个贷(网贷)市场的竞争格局,彻底解决中国特有"融资难"问题。与此同时,又保持中国金融科技企业的持续发展能力,继续引领全球金融科技。

(2) 主要是以国际平台非标市场为核心,以中国近50个闲置的地方资产交易中心(所)为终端,将中国各个地方小贷机构的小贷资产分门别类地通过地方资产交易中心(所)对接交易平台,由国际著名金融机构在上海临海自贸区所设立的境外资管机构进行批发购买。这样可把线下个贷上网交易,并给予价格导向,在价格竞争中打破金融科技可能形成的网贷价格垄断,并彻底解决中国特有的"融资贵"这个问题。

2. 第二阶段

在这个阶段,作为金融稀缺资源,中国金融机构持有的基建资产与个贷资产,在负利率时代零息债券的理性回归条件下,SP 增信在价值管理后所产生的权益增信,可对零息债券进行终极增信。SP 增信的零息债券对欧洲负利率市场上的主流资本应该具有很强的吸引力。在 SP 增信机制配合下,国际著名资管机构、债券投资管理机构、承销债券的投行机构均会在上海自贸区设立各种资管机构,在国际平台非标市场上批发购买这种金融稀缺资源。这部分外资均属于发达国家的外汇资金,是国际主流资本对中国金融资产投了信任票,也是中国人民币国际化的最佳窗口期。

在这个阶段,既可由境外资管机构在国际平台标准市场上发行证券化产品即交易型 ABS,也可由境外资管机构在国际平台标准市场上发行零息债券,或在欧洲负利率资本市场上发行零息债券,用于募集低成本资金。但是,无论是证券化产品,还是零息债券,均需提供增信工具用于对冲资产风险。西方发达国家主流资本是全球债券市场上的主力军,极度厌恶风险,即使国家债券,也需配之风险对冲的衍生产品或增信工具,直至形成无风险利率产品(RFRI)。据此,在国际平台的增信市场上,在引进下述增信机构

（CEC）入场后，便可形成全球首个增信资产批零交易市场。

3. 第三阶段

中国资本市场上的其他证券产品、权益产品，以及各种固收产品与衍生产品，将在国际平台上对外开放。因此，这个阶段是中国资本市场融入国际资本市场，是中外金融资本高度融合阶段，可以实现严防"金融脱中"与国家金融安全的根本目标。除了原有债券资产与证券资产，还应包括如下创新产品：创设服务于国家金融发展战略的特殊目的资管机构，即"全球两融"的上市制度，尽管资管机构的母公司可能在其他资本市场上市。特殊目的资管机构或"全球两融"上市制度，可加速上海全球资管中心建设进程。

SP增信的零息债券，属于货币或无风险利率（RFRI）产品，相当于到期国债，可在国际资本市场上流通，可吸纳全球巨额闲置资金或主流资本，形成全球债券交易中心。这些零息债券包括：①境内地方政府平台如拥有境外发债外汇指标，可发行基建融资的长期基建债券。②"一带一路"沿线国家及其企业发行的长期基建债券。③全球建设未来智能社会的长期基建债券。④以个贷（网贷）资产为基础资产的特殊目的资管机构所发行的长期债券，即符合人类社会长远利益的复利债券。

三、具体建设步骤

首先，国际平台标准市场，即上交所"国际版"，已经向中央申报并获批复筹建运行，无需赘述。国际平台非标市场应依据上海市人民政府的权限，在上海临港自贸区挂牌"国际金融资产交易中心"，如同海南三亚"国际金融资产交易中心"。理由如下：第一，临港自贸区的金融资产交易中心，不用国务院或部委办批准，如同地方金融资产交易中心。第二，由于上海临港自贸区享有粤港澳大湾区"跨境资产买卖"政策，可先行金融资产的跨境交易或国际交易。

其次，与粤港澳大湾区、海南自贸港不同，希望中央给予以下两个支持：第一，不受地域限制的基建类信贷资产、个贷（网贷）资产可进行国际（跨境）交易，如同海南自贸港已获信贷资产跨境交易。第二，允许不在金融分类监局范围的增信资产,在上海临港自贸区开设全球首个增信资产国际交易中心(以下简称"增信市场"),或者至少在国际平台非标市场上进行增信资产国际交易。

四、评估

国际平台如以境内机构为发行交易主体,以全球资本参与交易为辅,则与境内证交所和地方金融资产交易中心(以下简称"资交中心")并无差异。这样,国际平台仅会适用境内法规,并以人民币定价发行交易金融资产,无论是标准资产,还是非标资产,最终可能无疾而终,实无设立国际平台之需求,或者流于"形式主义"。

国际平台如以境外机构为发行交易主体,以境内资产交易为辅,则与境内证交所或资交中心根本不同。这样,国际平台既可适用境外成熟的金融贸易法规,辅之以"负面清单",又可在维护国家主权的条件下,适时选择人民币与外币定价机制来发行交易金融资产,引入全球巨额资本,使中国庞大的金融资产与全球巨额的外汇资金在中国高度融合,全球资管中心建成之日,上海便是全球最大的国际金融中心。

第二节 机构创设预案

一、机构创设

首先,邀请贝莱德、黑石等国际知名另类资管巨头,在上海临港新片区设立分支机构,或者未来可独立上市的特殊目的资管机构。为防止垄断市场与垄断价格,随后应鼓励中资资本集团的境外机构,也在上海临港新片区设立相应的特殊目的资管机构。根据市场发展需求,拟创设数十家持有数十兆元基础资产的特殊目的资管机构或"全球两融"。与此同时,由上海联交所与临港新片区投资集团引进同为特殊目的资管机构的增信机构。

其次,邀请所有中国商业银行与小贷网贷机构入驻上海临港新片区,或者网上注册于国际平台非标市场,成为非标市场上的基础资产国际交易成员或卖方。在此基础上,进一步把全国近50个地方金融资产交易中心网上注册于非标市场,以便把全国各地诸多线下小贷机构间接入网交易个贷资产。

再次,邀请所有中国金融机构与资本集团入住上海临港新片区,随后邀请全球金融机构与资本集团入住上海临港新片区,或者网上注册于增信中心,成为增信中心国际交易成员或无风险套利的增信资产零售交易方。邀请增信机构入住上海临港新片区,成为增信中心基础增信资产国际交易永久成员,或者对增信资产进行价值管理的批发购买方。

二、运行机制

首先,对于非标市场来说,交易对手与交易资产均是确定的。所有中国商业银行与小贷网贷机构作为卖方,出售数百兆元的基建(信贷)资产与个贷(网贷)资产;入驻上海临港自贸区的资管机构批发购买前述数百兆元的基建(信贷)资产与个贷(网贷)资产,作为资管对象或基础资产。因批发购买基础资产,成为非标市场上的最大买家,并且在增信零息债券可募集低成本资金的条件下,入驻上海临港新片区的资管机构方可转化为"全球两融"。

其次,对于标准市场来说,"全球两融"发行零息债券,规模可达数百兆元人民币或等值外币。基于零息债券增信,一方面可引入国际主流资本进行投资或交易,成为国际主流资本所青睐的债券品种;另一方面,零息债券经增信后成为无风险利率产品,可为众多商业银行或金融机构进行做市交易,有利于国际平台债市建设与繁荣稳定。

再次,对于增信中心来说,在发达国家负利率资本市场上,热衷于投资零息债券的国际主流资本,在购买零息债券后作为卖方,在增信中心出售增信资产。在出售增信资产后,零息债券因此成为无风险利率产品。众所周知,负利率债券在欧盟已达30兆欧元规模,具有一定利息的无风险利率产品定受国际主流资本所热捧。

全球包括中国金融机构与资本集团作为无风险套利的零售交易方,先零售买入增信资产,在约定时间内出售增信资产,从而获得批零差而无需承担资产风险。作为增信资产批发购买方,增信机构对购买的增信资产进行资产管理或价值管理,并建立可以覆盖零息债券100%违约风险的数学模型,以其权益结构支持增信资产结构所形成的权益增信,对零息债券实现有限责任增信或终极增信。

三、标准市场发行交易主体

首先,标准市场发行主体主要为境外机构,无论是发行股票,还是发行债券或证券化产品,如前所述,基于金融产品或证券产品的法律适用,及其融入现代国际金融贸易体系或全球大资管体制。股票发行者既可为境内企业在国际资本市场下市的"回归股"或"分股上市",亦可为资产在境内的境外企业,或者境外著名企业上市或"分股上市",更可为注册于上海临港新片区的境外资管机构,可以独立上市,或者其母公司上市或"分股上市"。债券或证券化产品发行者可为上海临港新片区的境外资管机构或投资银行,亦可为在标准市场上的上市企业,抑或为拥有外汇发债额度的境内企业或机构。

其次,标准市场交易主体可为境外投资者,亦可为境内投资者,即全球投资者。经 SP 增信的零息债券投资者主要应该来自发达国家或欧洲负利率资本市场上的主流资金,首先是欧盟,其次是英国与日本,最后才是美国及澳洲。

四、非标市场交易主体

数十个入驻上海临港新片区的境外资管机构,或者"全球两融",是非标市场最大投资者(买家)。先期是中国的商业银行、个贷(网贷)机构等境内金融机构作为非标市场卖家,后期将发展到全球商业银行、个贷(网贷)机构等金融机构作为非标市场卖家。

五、增信市场交易主体

在国际平台的增信市场上,由入驻上海临港新片区的境外资管机构所发行零息债券的投资者/持有人及其代理人作为增信资产出售方,全球金融机构作为增信资产零售商,增信机构作为增信资产批发商,构成了全球增信交易中心(Global Exchange of CE,GECE;Global Exchange of Spread,GES)。

(1) 作为增信市场卖方,零息债券投资者或持有人,把零息债券中的风险利差作为增信资产出售,零息债券即可成为无风险利率产品,在负利率市场募集低成本资金。

(2) 作为增信市场买方(零售商),先是中国金融机构与资本机构,后为全球金融机构与资本机构,购买增信资产,并在约定时间与条件下,将增信资产在增信市场上批发出售,获得批零差价而无需承担资产风险,即进行无风险套利。

(3) 增信机构,首先作为增信资产批发商,在增信市场上批发购买零售商所出售的增信资产;其次作为增信资产资管机构,增信机构以其设计的100%风险覆盖率抵御随机违约率的数学模型进行权益增信,对"全球两融"零息债券提供终极增信。据此,"全球两融"零息债券便可真正成为极度厌恶风险的全球主流资本所热衷投资的安全资产或无风险利率产品,因为增信后的零息债券收益率远高于负利率或零利率,"全球两融"发行的零息债券因此可以获得低成本资金,可以持续批发购买中国金融机构持有的基建(信贷)资产与个贷(网贷)资产。

第三节　正确把握与精准定位

一、正确把握

正确把握习近平主席在上海改革开放30周年纪念日为上海临港新片区提出的创建国际平台的战略蓝图,就是要打破中国金融资产"封建割据"式的金融监管,就是要让金融资产流动起来,在市场交易与市场定价中缓释资产风险,使中国金融机构实现金融去杠杆。与此同时,通过国际平台,中国金融资产可与现代国际金融贸易体系或全球大资管体制接轨,无论是标准资产,还是非标资产,抑或是增信资产。在这个前提条件下,根据长短期国家战略与国际投资需求,精准定位金融资产先行国际交易,先培育成熟的金融资产再行国际交易。决不要把不成熟的金融产品推向国际资本市场,否则只能事半功倍,效率极低。

自2018年以来,粤港澳大湾区"跨境资产买卖"政策先声夺人,海南自贸港的"三亚国际金融资产交易中心"也不甘示弱,唯有上海自贸区,习近平主席决定给予临港新片区"国际金融资产交易平台"。由此可见,金融资产,无论是跨境交易,还是国际交易,均是中国融入现代国际金融贸易体系的关键一步,其重要性如同20世纪末、21世纪初加入国际贸易体系一样:"以国际规则改变国内制度"。

目前新时代中国正面临恶劣的国际环境,特别是面临以美国为首的现代国际金融体系中存在的"金融脱中"危险。作为国际金融中心的香港,也因暴乱正在失去国际金融中心的地位。习近平主席代表党中央站在历史高度,为上海自贸区指明了正确方向,以国际平台将中国融入现代国际金融贸易体系。在内驱循环基础上,加强外驱循环,严防"金融脱中",维护国家金融安全。不仅如此,还要为中国新型基建、"一带一路"基建提供源源不断的资金支持,重新确立人民币国际化的实现途径。

二、精准定位

金融资产的精准定位应该清晰展现。首先,不是境内机构发行金融产品或金融资产,什么样的境内金融资产可以作为国际交易,要看境外机构发行什么金融产品。其次,上海希望国际平台能够提升国际金融中心地位,因此希望境外机构发行的金融产品具有特色,而且符合国家重大战略。

国家重大战略分为目前与未来两部分。就目前国家重大战略来说,我国既要引进外资,严防"金融脱中",促进金融科技合规发展并继续引领全球金融科技发展,又要为境内新型基建与"一带一路"基建提供持续的资金支持。未来在融入现代国际金融贸易体系的同时,实现人民币国际化,最终促进新时代中国从金融大国迈入金融强国。

上海要提升国际金融中心地位,必须具备其他金融中心所不具备的金融元素或金融产品,或者金融机制。假如设定上海临港新片区通过交易平台形成全球资管中心(GCAM),只需通过制度创新、资产合约与电子数据便可支撑起数百万亿元的金融资产,这些庞大的资产和外汇,均将锚定于中国且沉淀于上海,把上海建成全球最大的国际金融中心。精准定位的金融资产如下。

1. 个贷资产与基建资产

由境内商业银行、个贷(网贷)机构在国际平台非标市场上批发出售百兆元级的基建资产(FI)与个贷资产(FP)。个贷资产(FP)与基建资产(FI)的国际交易,不仅可实现境内金融机构金融去杠杆,而且可吸引大量海外主流资金(外汇资金),外汇资金金额可达数百兆元。在上海临港自贸区入驻的各类境外资管机构,在国际平台非标市场上批发购买百兆元级的基建资产(FI)与个贷资产(FP),作为其资管对象或基础资产,并以此基础资产发行零息债券或证券化产品,经增信后可在欧洲负利率资本市场上募集低成本资金,可持续批发购买这类金融资产,最终形成数十个十兆元级的"全球两融",构成了全球资管中心。

2. 境外资管机构股票

境外资管机构股票应该属于原来"国际版"证券资产,可与其他证券资产组成"国际版"。首先,由中国品牌金融科技企业在上海临港新片区设立独资或合资的境外资管机构,作为批发商与资管机构在国际平台非标市场上投资购买个贷资产或网贷资产。这样不仅可以使境内金融科技企业合规经营,而且可以吸引大量境外资管机构在国际平台标准市场上上市。基于境外资管机构"股小资大",巨大的风险利差可提升境外资管机构上市股价。其次,可由黑石、贝莱德等国际著名资本机构在上海临港新片区设立独资资管机构,在国际平台非标市场上投资购买基建(信贷)资产与个贷(网贷)资产。为防止垄断经营或垄断定价,还应推动境外的中金国际与中银国际也相应设立资管机构。同样,基于同样的"股小资大",鼓励这些资管机构在国际平台标准市场上上市,给投资者带来稳定投资回报。上海临港新片区形成如此庞大规模的资管机构,而且资管机构的市值会达到惊人的高度,可真正称为"全球两融"。据此,上海才能建成全球资管中心,有机会问鼎全球最大金融中心。

3. 零息债券与证券化产品

境外资管机构购买个贷资产(FP)与基建资产(FI),除了自有资金或上市募集资金,主要依赖于零息债券与证券化产品发行。由于固收产品(FIS)在增信支持下可演化为无风险利率产品或安全资产,可由厌恶风险的国际主流资本所投资。境外资管机构的零息债券在负利率资本市场上可募集低成本资金,年度收益率(ARR)在3%以下。与境内中国国债收益率相当,并随着市场深度发展而不断降低融资成本。但是,要实现低成本融资,还存在着如下几个前提条件:

(1) 零息债券和证券化产品是由境外资管机构所发行,不是境内机构所发行。因为两者所基于的金融制度不同,境内机构发行的零息债券或证券化产品是难以募集国际主流资本。不仅如此,即使境内资本集团的境外资管机构,也应在国际主流资本名下的境外资管机构之后成为发行人,而不是相反,否则必然事倍功半。

(2) 零息债券或证券化产品的承销商必须为欧美著名金融机构,特别是欧洲古老而保守的资本管理人,如罗斯柴尔德家族等,并提供可以让罗斯柴尔德家族这类欧美著名金融机构能确信的增信资产与增信市场。

(3) 罗斯柴尔德家族仍为全球十大投行之一,却主要在债券领域。其和平时期债券承销费率低至1‰或万分之几,但在国家战争或国际对峙阶段,债券承销费却高达3%~6%,这是罗斯柴尔德家族发家致富所在。据此,在负利率的欧洲发行AMC债券,可以支付给罗斯柴尔德家族的债券承销费平均可达3.45%~3.9%,前期更可高达5.5%~6.25%。中国庞大的数百兆元级金融资产市场,足以让罗斯柴尔德家族借此战略机遇恢复昔日的荣光。中国与罗斯柴尔德家族的战略合作,应该提升到国家战略高度,这是中国走向金融强国的关键一步。

上海临港新片区所创建的国际平台,如果发行零息债券与证券化产品的总金额达到百兆元级,全球资管中心地位将无人撼动,也是上海建成全球最大金融中心的一张亮丽的"名片"。

4. 增信资产

境外资管机构所发行的零息债券与证券化产品,要成为无风险利率产品,要成为极度厌恶风险的欧洲主流资本所能投资的"安全资产",就必需在国际平台增信市场上交易增信资产,增信机构以100%风险覆盖率去抵御随机违约率,对零息债券与证券化产品实现终极增信。基于终极增信的零息债券与证券化产品,才可在负利率资本市场上募集到低成本资金。

同样,增信机构必须与罗斯柴尔德家族及其他欧洲主要资本家族进行全面合作,这是上海成为全球资管中心,迈入金融强国的关键所在。只有当类似罗斯柴尔德家族充分认识增信机构及其增信市场时,在对其承销的零息债券与证券化产品充满信心条件下,才可在欧洲负利率市场上募集低成本的数十兆欧元的外汇资金。

三、资产定价

1. 资产定价与人民币国际化

国际平台上的金融产品、金融资产的货币定价问题,涉及人民币国际化的根本问题。但是,这是一个循序渐进的过程,不可贸然行事。因此,国际平台上的资产定价,可以按如下不同资产、根据不同阶段进行不同的货币定价:

其一,境外资管机构购买境内金融资产。

无论是个贷资产(FP),还是基建资产(FI),金融资产国际交易均应以人民币定价,中国可以借此吸引巨额外汇资金。

其二,境外资管机构发行零息债券或证券化产品。

对于金融科技企业来说,其境外资管机构发行零息债券或证券化产品可以人民币定价,有利于节约成本。如果零息债券或证券化产品在欧洲负利率市场上募集低成本资金,对于国际著名金融机构来说,开始时可以外币定价,以后择机逐步按比例分别以人民币定价或外币定价,这是基础资产人民币定价成本与人民币国际化进程所决定的。

随着人民币国际化的推进,特别是购买境内金融资产的数量急剧增加,必然会使境外资管机构所发行的零息债券或证券化产品以人民币定价,不仅可以规避汇率风险,而且可以方便投资。因此,人民币国际化,对于国际平台来说,则是历史必然,除非国际平台与金融资产定位错误。

2. 外汇外债是个"伪命题"

1）定性

国际金融资产交易,如同国际商品交易或国际货物交易,不具有融资负债性质,不存在必然责任与法定义务,或者"或有负债"。如同增信产品,信用担保属于"或有负债",信用买卖却属于金融产品或衍生产品,比如信用违约互换（CDS）就不属于"或有负债",原因在于信用违约互换属于可交易的金融资产或金融产品。而且,国际金融资产交易,又犹如国际资本投资中国提供的相应资产,相当于国际投资资金,不属于中国负债。因此,外汇配套只是方式问题,不存在外债问题,或者说,外债问题是个伪命题。

2）定量

其一,国际金融资产交易,在达到数万亿甚至数十万亿元（美元）之前,将会一直处于外资资金进入状态,即吸引外资状态。这是中国目前所处的恶劣的国际环境所要求的,也是严防"金融脱中"的重大措施,真正体现了习近平总书记的高瞻远瞩。

其二,在金融资产交易量达到顶端后,即交易总量达到数万亿甚至数十万亿元（美元）后,外汇进出将会出现正常对流,即有进有出,大致处于平衡状态。这是实现人民币国际化的最佳时机,应予以高度关注。

其三,如果中国开始走下坡路,或者国际环境恶化,则会产生回流状态,但总体规模仍可持续保持,应该处于弱势维持状态。这是可能出现的状态,需要高度警惕与重视,但无损于国家的外汇管理。

参 考 文 献

[1] 黄剑.商业银行资产负债管理[M].北京:北京大学出版社,2013.

[2] 杨军战.泛资产管理时代的金融机构资管之道[M].北京:清华大学出版社,2014.

[3] 韩立岩,郗慧.金融资产风险与定价[M].北京:机械工业出版社,2015.

[4] 阿代尔·特纳.债务和魔鬼:货币、信贷和全球金融体系重建[M].王胜邦等,译.北京:中信出版社,2016.

[5] 威廉J.伯恩斯坦.有效资产管理[M].王红夏,张皓晨,译.北京:机械工业出版社,2018.

[6] 罗玫.数字金融:未来已来[M].北京:人民日报出版社,2020.

[7] 王祚君.利差增信的价值管理[M].上海:立信会计出版社,2020.

[8] 薛清超.具有违约风险的零息票债券的三因子定价模型[J].知识丛林,2008(23).

[9] 梁进,肖承志.具有信用等级迁移风险的零息债券定价[J].同济大学学报,2015(8).

[10] 徐琳.美国信用违约互换市场发展分析[D].东北亚研究院,2013.

[11] Efron B,R J Tibshirani. An Introduction to The Bootstrap[M]. New York:Chapman & Hall,1993.

[12] Federal Deposit Insurance Corporation(FDIC). History of the Eighties-Lessons for the Future [M]. Washington DC:Federal Deposit Insurance Corporation,1997.

[13] Brennan M J,E S Schwartz. The use of Treasury bill futures in strategic asset allocation programs, in W.T. Ziemb and J.M. Mulvey(eds.),Worldwide Asset and Liability Modeling[M]. Cambridge:Cambridge University Press,1998.

[14] Dert C L. A dynamic model for asset liability management for defined benefit pension funds, in W.T. Ziemba and J.M. Mulvey(eds.),Worldwide Asset and Liability Modeling[M]. Cambridge:Cambridge University Press,1998.

[15] Efron B. Bootstrap methods: another look at the jackknife[J]. The Annals of Statistics, 1979(7).

[16] Kusy M I, W T Ziemba. A bank asse and liability management model[J]. Operations Research, 1986(34).

[17] Hendricks D. Evaluation of value-at-risk models using historical data [J]. Economic Policy Review Federal Reserve Bank of New York, 1996(2).

[18] Acerbi C, D Tasche. Expected shortfall: a natural coherent alternative to value at risk[J]. Economic Notes, 2002(31).

[19] International According Standards Board (IASB). International Financial Reporting Standards9-IFRS9 Financial Instrument[S]. 2009.

[20] Basel Committee on Banking Supervision. Basel III: A global regulatory framework for more resilient banks and banking systems [S]. Bank for International Settlements, 2010.

[21] Basel Committee on Banking Supervision. Basel III: International framework for liquidity risk measurement, standards and monitoring[S]. Bank for International Settlements, 2010.

[22] Basel Committee on Banking Supervision. Fundamental review of trading book capital requirements: consultation by the Basel Committee [S]. Bank for International Settlements, 2012.